どちら様も、お先でございます

三遊亭好楽
松垣透

彩流社

目次

第一章　人生の楽しみ方

1　好楽師匠に入門

《落語家、三遊亭好楽師匠のその人柄に惚(ほ)れた。人生の大先輩に対して失礼ないい方だが、それがわたしの偽らざる、素直な言葉だ。これから、その理由をひとつずつ綴(つづ)ることになる。わたしはその年の七月に六十五歳の誕生日を迎え、思いがけなく約四十年間勤めていた新聞社での、新聞記者人生から足を洗うことになった。というのも、自分では元気なうちはいつまでも勤めることができるだろうと勝手に思っていた。それまでの看板や肩書きがまったくなくなり、先のことを何も決めていなかったことから、急に自分が何をしたらいいのか、不安になった。たまたま好楽師匠と一緒に旅に行く予定があり、相談して、「人生の話を聞かせて欲しい」と無理を頼んだ。つまり個人的に、好楽師匠にわたしのためだけの寺子屋の師匠になって欲しいと頼んだ。忙しい好楽師匠はしばらく考えていたが、わたしの申し出を快く許してくれた。江戸時代の私塾であった寺子屋はその呼び方として、手習い師匠とか手習いといわれていたようで、今のように決まった時期に入学するのではなく、数え歳の六、七歳、満で七、八歳くらいになると入門させていた。基本的には一対一の教育だ。わたしは落語ではなく、人生の師として池之端の師匠、三遊亭好楽師匠を選んだ。わたし自身の手習いの師匠になって貰った。わたし自身は自分の人生の師匠になって貰うなら、学ぶことの多い「人柄の好楽師匠」と勝手に決めていた。謦咳に接し、人間をさらに磨く。そのためには好楽師匠の傍にいなければいけないと思っていた。

好楽師匠に、「わたしがこれからの人生で大切な事柄について質問して、それに答えて貰うという形で原稿にしたいのですが」と、恐る恐る話すと「半七捕物帳だね」と、師匠は笑った。『半七捕物帳』は岡本綺堂の時代小説で、明治時代の新聞記者の「わたし」が岡っ引きだった半七老人を訪れて、色々な事件の話を聞く物語で、多くのファンを持つ。面白いことに半七の第一話では、好楽師匠に縁のある池之端が出てくる。半七は物語の最初に、七十を三つ越した「元気の好い、不思議なくらいに水々しいお爺さんであった」とある。そういえば好楽師匠も七十七歳をすぎ、とても瑞々しい。

師匠への最初の質問は決めていた。これからの人生のこともあり、人生の楽しみ方を師匠に訊きたいとずっと思っていた。その質問が好楽師匠のその人柄を、何よりも一番表わしている。師匠の人生の楽しみ方をぜひ教えて欲しい。好楽師匠に会うといつもにこやかに、今がとても楽しいんだというように挨拶される。楽しい話題で、常にその場にいるみんなを気持ち良く、楽しく、明るい気分にさせてくれる。そこでは常に笑いが絶えない。肩書きも、仕事もなくなった元新聞記者としては、ぜひその秘密も探ってみたかった。》

これは性格の問題なんですよね。

くよくよしちゃうと、もうずっと引っ張るでしょ。次の日もね。アタシ、それがないんですよ。最初からみたいでしたね。八人兄弟の六番目に生まれたから、どうでもいい環境でしょ。親父は警察官の警部で無口。姉ちゃん、無口。兄貴、無口。兄貴、無口。姉ちゃん、無口。兄貴、無口。アタシ、おしゃべり。妹、無口。弟、無口。お袋とアタシが二人でずっと喋ってる。そういう家庭でした。くよくよしないのは持って生まれた性格ですね。

噺家になっても師匠、五代目（三遊亭）圓楽に叱（しか）られると、本当にしょんぼりしちゃって、一日がくっとなる。それでも次の日は、けろっとしている。この性格は自分でも分かんないですよ。「この性格、何とかしなきゃいけない」と思うけど、前向きな性格になっちゃう。どうしてなのか分かんない。気持ちがそういうふうになってんだろうね。「まあ今日は今日でいいや。師匠には後で謝りゃいいんだ」とか。そのころは考えもしなかったけど、先輩に可愛がられるコツみたいなものを持っていたのかな。大人に可愛がられるというか、子供のときから大人をちゃんと意識していましたね。「あのおじちゃんの所に行こう」とか、「あのお兄ちゃんに野球を見に連れてって貰おう」とか。先輩がどこかに行こうとして立ってると「お前も行きたい？」って、アタシがそういうふうに見えるのよ。自分がそういうふうな訴えの目をするわけだ。

「お前も行きたいの？」「行きたいっ」「じゃあ、おいで」

そういう感じで、映画でも野球でも連れて行って貰いましたね。意識してやってるわけではなく、大人が、人間が好きなんですよ。そのおじちゃんがやる行動はちょっといいなと思って、その人が行くところに一緒に行きたい。そこにはどういうものがあるのかとか、このお兄さんなら良いところに連れて行ってくれるんじゃないかな、このおじちゃんなら良いことを教えてくれるんじゃないかなと。むちゃくちゃ人懐っこいんですね。

アタシは気が短くて怖かった時代があるんですよ。ガキの頃、ガキ大将だから、何かあると、「てめえ、この野郎」ってんで、みんな震え上がるほど怖かったみたい。小学校の時かなあ、短気で、「短気は損気」って、よくいわれてたもの。「お前、そんなことはいいことないんだから」って、先輩やお袋にいわれてた。短気だと頭にきてものを壊しちゃうから、損。それこそテーブルを引っ繰り返すような、そんなことが多かった。何が面白くないのかね、やたらに気が立ってましたね。「のぶちゃん（好楽師匠）に逆らうと、大変なことになるから」と、みんながいうことを聞いたから、アタシがいつの間にか、ガキ大将になってたっていう環境ですね。兄貴たちはそれぞれ、もう仕事を持ってたから、アタシにはもう関わり合いがないから。

高校時代はもう温和しかったですよね。ふと短気じゃなくなったんですよ。きっかけは何だったのか分かんないですよね。あんなに、もうめちゃくちゃ怒っちゃったから、飽きちゃったのかなあ。

あっはっはっはっは。

2　悩みは人のためならず

二番目の娘と(三遊亭)王楽が踊りを習ってた。その踊りの先生は、霊感が鋭いんですよ。その人が何かいうと当たったりして、「怖いなあ、この人」って。「私は碌(ろく)な死に方をしない。人の不幸が分かっちゃうから」っていう人。その先生がある日ね、「あんた、悩んでない？」ってアタシにいうの。

「別に」ってアタシはいったが、何かぼんやりしてた。落語をやっていても自分の気力がちょっと薄れてて、覇気(はき)がないみたいな。自分でも分かるんですよ。何かつまんない。落語が嫌いなんじゃなくて、自分が何か厭なのよ。そしたらその先生がいった。

「あんたこの頃、何か厭なことないの？」

「ないすよ」

「悩んでない？」

「別に」

「悩んでいるでしょ、あんた。アタシが台所で洗い物してて、あんたがここにいて『先生助けてください』っていっているわよ」

「嘘でしょ」

「本当よ。あんたがぼんやり立っているのよ。『何？　あんた用があるの？』っていっても、何もいわないのよ。何もいわずに、あんたが鬱陶しい顔をして、立っているのよ」

「えっ、アタシがお宅に行ってるんですか？」

「来てんのよ。何かバッと吐き出しなさい」

自分だけで悩んでいるんだ、オレは。人に迷惑かけてるんだっていうので、それから吹っ切れたみたいな気持ちがあって、もっと前向きに生きていったほうがいいなって。それで自分を取り戻したことがありましたね。ほんの一瞬の出来事でしたけど、一年や二年くらいですよ。やりたくないみたいな、けだるいとか、理由は分からない。病気でもない、自分の気持ちが乗らない。そういうのが一、二年あった。先生に「しっかりしろ」っていわれた。自分が自分で籠もって、簡単に悩んでいることなんだ、「そんな人間じゃあ厭だな」って思った途端に、吹っ切れました。だから自分との闘いでした。朝、起きればつまんない。仕事をしても乗らない、つまんない。帰ってきても、面白くない。「何だろうこのつまんなさは」って、「これがずっと続いたら厭だな」って思っていた。

そしたら、その先生がある日、いった。

「まだまだ若いんだから、悩むのはいいけど、そんなのは忘れなさい」

それからはいまだにない。その先生の言葉通り、「自分で悩まないで、前向きに行けばいいのよ。そうすれば時が解決するんだから。男がうじうじ悩むんじゃないの」。三十歳過ぎの頃で、もう

「笑点」に出ていたかな。「笑点」を降りたとか、また出るようになったとか、まったく関係なく、自分の体が乗らなかった。それは不思議でした。ある日突然、ぷつっと吹っ切れた。それからはいつもの通り。

自身にいい聞かせることなんてない。アタシはそういうタイプじゃないんですよ。「しっかりしろ、こうやれ」というタイプじゃない。自然にパッと。病気もそうです。あるとき、足が曲がんないときがあった。それで医者に行けばいいんだけど、「まあ痛いけど、何とかなる」と。七カ月である日、スッと治っちゃった。いつもそうやって治る。医者に見せないで「人間どこか悪いんだから、しょうがねえだろう」って。別に我慢(がまん)するんじゃなくて、笑いながら、「大丈夫だ」って。

あるパーティで、客席から呼ばれて舞台に上がるときに、演台の下が階段だと思った。階段だと思ったら、見えたのが隙間(すきま)だった。「階段じゃねえのか」というので、でーんと打ったの。凄い痛かった。左の肩から首のあたりをぶつけて、曲がらなかった。それが二年治らなかった。それも医者に行かないで治しちゃった。常に病気でも、何でもそういうことなんだね。

この歳になって朝、目が覚めるでしょ。「今日何やろうかな?」とか、寝てて色々なことを思ったり、「今日の落語のネタは何しようかな?」とか、ぶつぶついってると、昔覚えた噺がすらすらっと出てくる。「えっ、この噺何だっけ?……あっ『阿武松』だ。相撲の噺だ。オレ、よく覚えてんな。じゃあ、今日やっちゃおうかな」。それで一席できちゃうんだ。だから寝ていると、いろんなことを思いだして、面白いね。「今日あそこ行ってみよう」とか、「今日あれやってみよう」とか、いまだに子供の時に、「今日何して遊ぼうかな」というのが、続いているんだね。それがずっと続いてんの。どういうアタシの性格なのかね。

3　人とはこう付き合う

《その年の夏は暑い日が続いていた。ニュースでは連日、朝から夜までその暑さのことだけが話題で、池之端しのぶ亭の隣の七倉稲荷神社の境内でも、セミが賑（にぎ）やかに鳴いていて、掲示板には夏休みのラジオ体操の告知が掲げられていた。いつもなら藤棚の陰も、休憩するのは気持ちがいい場所だが、あまりの暑さに、どこにも人の姿はなかった。好楽師匠の自宅の前には、きちんとガムテープでしっかりと閉じられたゴミが出されていた。この日はゴミの日で、朝から好楽師匠が自身で、いつものようにゴミ出しをしていた。そこにも人柄がよく出ている。好楽師匠は、弟子たちもそうだが、その周囲にいる人たちは本当に人柄もよく、付き合いをしていても、話を聞き続けていても、厭な思いをしたことがない。この日は師匠に、人との付き合い方について教えて欲しいと話した。》

アタシ、誘いを一度も断ったことがないんですよ。「今日はちょっと厭だな」っていうのは、相手に分かるんですよ。何かその人が、「えっ」と、がっかりするのを見たくないからかもしれませんね。アタシのことを気にして誘ってくれているんだから、「これ行かなきゃいけないんじゃないか」というのが先ですね。「厭だよあの人、愚痴（ぐち）っぽいしさ」「酒癖が悪いんだよな」とか、そういう噂を聞いていても、「はいっ、分かりました。いいですよ」。そうしたら、全然そんな人じゃあなかったりね。ただアタシと飲みたかっただけだったりして。それって子供のときからだもんね。その人がボクを誘ってくれそうだなっていうのが、すぐ分かっちゃうんですよ。目と目が合うでしょ、先輩はにこっと笑ってる。

「これから行くかいっ」「連れてってくれるの。わぁ嬉しい」

それで行っちゃうんですよ。この人はそういう人だなと分かっちゃう。子供のときからずーっとそうやってきましたね。学校の先生も分かりました。「この女の先生、きついけどいい先生だな」とか。外に出て人に会うのが好きだというのは、八人兄弟でアタシだけの性格だから。みんな引っ込み思案の無口だから。おしゃべりなのはお袋とアタシだけだから。なんかね、その人の性格を見抜いちゃうわけじゃないんだけど、あの人はこういう人だなとか、名人の看板の師匠方も、分かっちゃうんだよね。あの師匠は名人だけど、こういう性格の方なんだとか、透けて見えちゃうんですね。見えちゃうって、神秘的で偉そうだけど、そうじゃなくて、今までの人生がずっとそうだったから。「このおじさん、こういう人なんだな」とか、そういうのが分かっちゃう。小さいときからそれを意識して養ってきた技じゃないんですよ。自然になっちゃうんですね。どんな人でも、可愛がってもらっちゃうんですよね。なぜかアタシをみんなが探すんですよ。

もともと、落語家という人たちが好きなんだね。すぐ話すと、にこにこ喋るというのが日課になってるから。厭な人がいるじゃない、周りの人が「あの人は厭な人」というような人。「大丈夫、任して任して」。親しみを込めて、「師匠、うちの師匠ね、褌ほどくとき漏らしちゃったんですよ。あの師匠ですよ。笑っちゃうでしょ」

「うるせえなあ」。そんなこと聞きたくねえっていう顔しながら、そのうちにだんだん、「お前、師匠どうした？」って向こうから話しかけてくる。「ほら、オレの勝ちじゃねえか、あんな怖い顔していても。ほぐしてあげりゃいいんだ」

　そんな前座時代でしたね。計算をしたわけじゃないからね。こうすればあの人に喜ばれるとか、まったくかけらもないですよ。人を祭り上げて、自分だけが利益を得るとか、そういうことはまったくない。計算しているわけじゃないからね。人間が好きなんです。寄席の雰囲気が好きだったのかなあ。後から先輩が来るじゃない。高座の袖で聞いていて、人の噺が一番勉強になるじゃないですか。直に、それもタダで教わってるわけでしょ。「わあ、この人うまいなあ」とか、「この人、もうちょっとやれば、もう少し面白くなるのに」とか。「あの人、変な顔しないで普通に喋れば」とか、勉強になっちゃうんですよ。三時間半か四時間、寄席でやるわけですから、そういう人が一杯出る。それが面白くて楽しくて、高座から降りてきた人の全く違った顔も見られるじゃないですか。「ああ、こういう面白い人は普段、無口なんだな」とか。色々なことを経験した。そういうのが好きでしたね。人懐っこいから。

　自分の会では前座を使わないといけないから、「お前、何日あいているかい？」って、先輩にいわれるでしょ。自分の兄弟子以外の（柳家）小さん師匠（五代目）のお弟子さんとか、（古今亭）志ん生師匠のお弟子さんとか。その兄さんが、「今度、独演会をやるんだ。お前、前座やってくれるかい?」「ありがとうございます。分かりました」。そういう仕事が一杯来ましたね。同じ人ばかりじゃなくて、みんな違う人。何か、「あいつ使ってやろう」と思って、使ってくれるんでしょうね。こっちは作戦でその人の前を行ったり来たりしているんじゃなくて、アタシの行動も見てたんでしょうね。

ある先輩は当時、九蔵のアタシのことをこういいましたね。

「あいつ、林家のところの九坊(九蔵)はさ、酒ばっかり飲みやがって、時々楽屋で寝てたりするけど、よく見ているとあいつ一人でも出来るよ。前座が八人、九人いるけど、あいつ一人でできるよ。見ててごらん。全部やっちゃうから」

そういうのは見て貰っていましたね。一人で出来ますよ。兄弟子が助けてくれますもん。兄弟子でも、ただワリだけ貰いに来る予備っていうのがあった。来ればお金を貰えるっていうやつ。ただ高座がない。落語家としてちょっと恥ずかしい状態。その人たちはアタシはちゃんと○を付けて話しかけて、「兄さん、落語教えてくださいよ」って親しく話した。その人がちょっと恥ずかしそうに、落ち込むような顔で、ただワリだけ貰うのは厭だというのは分かっているから、余計その心を知っているから、「兄さんさあ、こんなことあったんですよ」って。「そうかい、オレが太鼓叩いてやるから、お前は帳面だけ付けておけ」って、手伝ってくれる。兄さんたち、そういう人たちが見ていて、「あいつはひとりで全部やるから、見ていてごらん」って保証されましたね。気働きも全部やっちゃうわけですよ。そういう前座でしたね。楽屋で酔って寝っ転がっていても、「起こさなくていいよ」っていわれて困るよね。「いいんだよ、林家で朝早くから働いて、きのうも朝まで飲んでいたんだろう、こいつは。寝かしとけ、寝かしとけ」って。そんないい兄さんばっかりだったもん。

自分の弟子や孫弟子には、気がついたことはどんどんいいますよ。本人のためになることはいってあげないといけない。

4 「背伸びをしちゃあ駄目だよ」

《好楽師匠とタクシーに乗ると、運転手への気遣いがよく分かる。降りるときに「ありがとね」「また乗せてくださいね」と、必ず笑顔で話しかける。気持ち良く降りることが出来る。》

「思う壺」という言葉は嫌いだからね。思う壺くらい失礼なことはないよ。人を馬鹿にしていますよ。アタシの嫌いな言葉なんですよね。そういうんじゃなくて、常に和(なご)やかに、常に一緒に、楽屋も楽しく、高座も楽しく。よく「藝に厳しい」っていうけど、お客さんは喜び、楽しみを求めてくる。やっぱり楽しくしないといけないんじゃないかと思う。常日頃思っているんだけど、それはやっぱり自分も楽しいから、お客さんも楽しいというのを見せないといけないんだと思う。

入船亭扇橋兄さん(九代目)がね、可愛がってくれて、落語も一杯教わったんだけど、扇橋師匠は名人、上手のところで陰で笛を吹いていて、アタシがお稽古に行った大先輩なんだ。よく名人会の帰りに二人で話していて、みんなアタシのことを九蔵だから九ちゃん、九ちゃんというけど、扇橋兄さんだけは、「くータン、くータン」っていう。

「くータンにいっとくけどね、いろんな名人上手はいるけど、噺にはみんなその人の性格がでるよ」

「えっ？」

「すけべなことを考える人は、すけべな形になるんだよ。けちな人はけちな藝になるし、必ずそういう性格が、藝に出ちゃうんだから、怖いよ」

「ああ、そうだな」って。それは如実に覚えていて、「気を付けないといけないんだなあ」って。あと、自惚れやすい。落語って、自惚れやすいでしょ。受けると天下を取ったみたいに、たったひとりで受けるんだから、自分が偉いと思っちゃうよ。「そこに落とし穴があるんだよ」ということを扇橋兄さんはいってましたね。「自分がうまいと思うと落とし穴があるから、気を付けなさい」って。だって、それを見て来たもん。実際に天狗になった人は、みんな間違いなく落ちちゃった。噺家は一生かけてやる商売でしょ。定年ないんでしょ。前座のときに一番感じた言葉だった。何でもがつがつ覚えて、「オレはうめえんだ」「オレは得意なんだ」と思っちゃあいけないんだ。自分の人生を経験して、失敗した人が噺をするわけでしょ。噺だけが特別にあらわれるわけじゃないじゃないですか。自分があらわれるんですよ。その人が喋るんですよ。人間が、噺が、そこに留まっているわけじゃないじゃないですか。やる人の了見が出ている。アタシの噺から自分の性格はどうかって？　えーっ、えーっ。あっはっは。どうですかね。

《幸田露伴は「本を読んでも愚劣な者は愚劣な箇所で感心するものだし、ひねくれ者はひねくれ文章を貴びたがるものだ」ということをいったということを思いだした。文章も同じだ。だからわたしはものを書きながら、常にそのことを考えると、自分を磨かないといけないと好楽師匠の顔を思い出す。》

色んな噺があるが、性格が出ます。扇橋師匠は俳句の宗匠だったから、人生の色々なことが分かったんじゃないですかね。遅い入門だったし、色々な経験豊かに弟子入りした人だから、世の中の流れも分かって。俳句もみんな集めて、よくやっていたでしょ。錚々たるメンバーをみんな教えていたじゃない。落語はうまいけど、この人はこういう性格なんだとか、そういうことをいいたかったんじゃないかな。人間修養ができているかできていないか問われるんだ、この世界はね。だからオレたちは、本当にありがたい職業だなと思ったの。歳を重ねているうちに、自分の技量の狭さみたいなものが、「ああ、オレはあのとき、苦労していなかったからな」とか、「苦労していてよかった」とか、「あそこでクリアしていたから、今日のオレがあるんだな」とか。自分自身のことだから人にいうと、自慢になっちゃうから、オレこうなったからこうというと自慢噺で、全然偉くない。それを自分自身で理解して、「ああこういうときには思いやりがなくっちゃあ、人様に迷惑をかけていたんだな」とか、「自分で天狗になっていたんだな」とか、そういう反省がでりゃあ、そしたらまたいいものができますよ。反省がある人はいい藝がでます。ずーっとそのままの人もいるじゃないですか。「そうじゃあないんだよ」っていいたいけど、人のことだからっていわないじゃないですか、誰も。いろんな人の噺に耳を傾けていましたから、うちの師匠がいった演出、「ああそうだな」とか。アタシはそばに一杯お手本がいるのを疎かにしなかった。いいお手本と悪いお手本を全部含めて、「あの人はああいっているけど違う、違う。絶対違う」って、自分にいい聞かせてね。「あの人のいうことは合っているな」と。

それが毎日いるんですよ。三百六十五日、前座でお茶をだしているアタシの目の前に。アタシたちが見ちゃう。その人の性格を前座が一番よく知っています。だって、ずっといるんだもん。その人は来て、落語やって帰っちゃうわけでしょ。その人は自分の出番が終わると帰っちゃうけど、前座は終ってからいう。「あの師匠はああいったけど、違うよな」って。「違う違う。あの人は違う」って、すっぱ抜く人もいるけど、やっぱり前座が一番よく知ってますね。楽屋ってすごい勉強の場所ですよ。名人上手から、スーパースターから、若手の二ツ目から、前座、見習い、お囃子さんまでいるんですよ。勉強になりますよ。行動がみんな分かっちゃうもんね。

「今だれだ、やったのは」「違う違う」とかね。

「今、太鼓の叩き方、おかしいぞ」「駄目だよ、そうじゃねえよ、テテンガテンテンじゃないんだよ」とかね。そういうことを教えてくれる煩い人がいる。自分が教わった気分になるから、「そうか、違うのか。オレも直そう」ってなるじゃない。そういう注意する人が一杯いるんだもん。長年やっている人ばっかりだもん。あれはすごい勉強の場所ですね。アタシ、五年いたんだもん。ずっと見てました。みんなに可愛がって貰って、怒られたとか、嫌われた記憶はないですね。必ず誘ってくれますもんね。木久扇兄さんは兄弟子だけど、談志、志ん朝、……師匠の圓楽なんかは、林家の弟子だっていうだけで、可愛がってくれた。アタシは一番倖せな前座ですよ。それが全部、今の肥やしになっているんですもん。今考えるとアタシは凄いことを教わっていたんですね。その人にしてみれば、前座の九蔵が目の前に座っていて、にこにこしながら話しかけてくる。「この子はこの世界が好きなんだなあ」って、好感を持ってくれるというのがあったのかもね。向こうだって、この子を笑わせようと、面白いことをいってくれるじゃない。

「師匠、それ嘘でしょ」

「嘘じゃないんだよぉ」って、嬉しそうに返してくれるんですよ。そこにもう二人だけの話の楽しみができる。

楽屋に入るのが楽しかったから、ひとのことを批難しようという気なんかさらさらないから、その人のいいところを見つける気持ちだから。この師匠は、こうやるとすげえなあ。それがいい見つけ方ですよね。落語でご飯を食べていく我々には、一番のお手本だから。いい悪いは分かるし、毎日聞いているのは、すごい財産ですよね。

文楽師匠のネタの十八席、他にもやったことあるんでしょうけど、取っ替え引っ替えやったのは十八なんです。全部、知ってますもんね。隅から隅まで知ってます。

小さん師匠(五代目)の噺もね、やる噺はね。「きょうは何だ」「これは何だ」ってすぐにわかっちゃうもんね。どんな噺でも。「きょうは乗ってないな」っていうのも分かる。そりゃあ、ありますよ。

ただ、志ん生師匠にもう少し早く会いたかったね、晩年だった。高座もちゃんと聞いてますし、絶好調の志ん生はどういう人だったのか。見方が変っていると思います。あんな調子で爆笑を取れる人っていうのは、どういう人かと思っちゃうよね。アタシがいたときは、もう圓生の世界でしたから、ラジオを捻ると圓生だった。時々、林家(正蔵)だったり、小さん、文楽だった。圓生が二だと、正蔵が一。〇・八が文楽、〇・五が小さん。そんな感じでした。全盛の落語ブームのときでしたから。そしてかき回す三平師匠が滅茶苦茶面白くて、圓歌師匠が「浪曲社長」で、湧かせて、その後で、志ん朝、談志、圓楽、圓鏡がくるんでしょ。その最中にいるんですよ、アタシ。凄いですよ、あっはっはっは。今では考えられない。だから落語の波って面白いですよね。今、みんなうまいんですよ。若い子、みんなうまいんですよ。だけど時代に合わないんですね。みんな一生懸命やっていて、みんなうまいんですけど。そういう人たちに触れて、冗談をいったりしてきたアタシには、物足りないんです。

親戚のおじさんがね、アタシを可愛がってくれて、アタシのこと九蔵だから、「九ちゃん」と呼んだ。

「九ちゃん、背伸びしちゃ駄目だよ」っていった。「背伸びは絶対やっちゃいけない。背伸びすると自分を強く見せよう、よく見せようと見栄をはっちゃう。ところが人間って、つま先を立てて背伸びすると、誰もいないときには元に戻すから、何も見えなくなっちゃうよ。そうすると自分を失っちゃう。背伸びするとかえってそういう結果になるから、だから絶対、背伸びしちゃ駄目だよ」

そのおじさんの言葉をいまだに覚えてる。それを心掛けてますね。背伸びなんかしちゃ駄目ですよ。自然体でいかないといけない。背伸びをしたら、いつか疲れて落ちるんだから。背伸びをした人たちは落ちて行きました。落ちました。完璧にね。どんなに売れっ子でも、どんなに落語がうまいっていってもね、いつか落ちていくんですよね。それは落ちていくんじゃなくて、自分がやってきたことの証かもしれないです。

人の見ている前で振る舞って、「オレがご馳走しているんだ」って、絶対にやっちゃ駄目。それは背伸びしている証拠ですよ。どうせなら裏からお金を渡して、「誰が払ったの?」っていったら、「誰が払ったか分からない」っていうほうが、格好いいじゃないですか。背伸びしないほうがいいですよ。背伸びして、足が地べたに着いたときに、自分が、「あーっ、疲れた」ってなるんだから。疲れちゃ駄目。自然体でなければ、背伸びは駄目。それはいまだに守ってますね。「いいことというなあ」って思って。それは二ツ目のときから。かみさんと一緒になって、しばらくたって、親戚のところに行ったら、そのおじさんがそういいましたね。アタシだけにいった言葉ですね。「ああ、いいことというなあ」って。おじさんは麻布の食料品店の社長で、藝の世界も、商売のことと同じなんじゃないですか。噺家も同じお客さま相手だから。素敵な人でしたけど、そういうのはアタシは忘れません。

林家（正蔵）はそういうことばかりいっていた。「後の喧嘩は先にしろ」「鉄は熱いうちに打て」。「恩は岩に刻み、恨みは水に流せ」。これは、師匠の圓楽がよく色紙に書いてた。いい言葉はずっと覚えてる。

神様が、「もう、その辺でいいんじゃない。お前さんは」っていうのは、押しつけかもしれないけど、やっぱり謙虚でなければいけない。ひとの藝を見て、厭なところを見ないで、良いところを見てあげる。「兄さん、あそこいいですね。教えてくださいよ」って、芯から思えるような、先輩たちの藝を讃えるとか、そういう気持ちでないと。そうしたことを続けるために、特別に何かをしてはいない。何も続けてない。ただ一日一日で違った藝ができるというのは、その人の勉強の賜物だと思う。「あんな人があんなうまくなっちゃうのか」って、ホント見てきましたもん。極端にうまくなっちゃう。前座から二ツ目になったときに、みんな聞くんですよ。「うまくなっちゃったね」っていうのが楽屋雀の言葉なの。着流しから紋付きを着たら、「昨日よりも全然うまくなっちゃった」って。だから名前を襲名させるっていうのは、そこなんですよ。そうすると自分はしっかりしないといけない、気心も心構えも全部、襲名で変っちゃう。だから襲名は絶対、必要なんですよ。

5　ちょっといい話

フランスの片田舎で暮らす貧しい夫婦なんですけど、子供が、「自転車が欲しい」っていう。貧しいから、すぐには買ってあげられない。そうすると、「畑仕事を手伝いなさい。お小遣いを少しあげるから」。たいしたお小遣いじゃない。何年か経ったら、自転車を買うお金が貯まったから、自転車を買った。そういう子供の育て方をしている夫婦がある日、著名なピアニストがこの町に来るっていうんで、それが自転車を買うくらいのお金なんですよ。チケットを三枚買って、着飾って家族で行くんです。これが教育じゃないですか。普段は質素な生活をしているけど、一生に一回しか聴けないような著名なピアニストが来る。着飾って、子供だってわかりますよね。お父さんお母さんはこんな高いのをボクまで買ってくれて、自転車だってなかなか買ってくれなかったのが、こんな高いチケットを買ってくれた。嬉しくて、心弾む気持ちで客席に座るって、それが教育ですよ。そんな子供は下手な考え方を持たないですよ。歳を取って自分が大人になって、「うちのお爺さんやお婆さんはこうだったよ」って、また子供に話す。アタシはそっちのほうを取りますよ。これは見せたほうがいいっていうものには惜しみなくしないと、一生会えないかもしれない。その空間は財産です。そのピアニストを聴けるチャンスなんて、なかなかないから、これから二度とないと思って、それで着飾って、高いチケットを三枚買って。二枚だけ買って、お前を留守番なんてさせない。聞いた話ですがいい話でしょ。こうしたいい話というのをたまに講演でやるんですよ。「みなさん、いい話でしょ」っていうと、客席がうんうんという顔をしてくれる。これまで色々な人と出会って、色々と交流しましたけど、「いい話をします」といって、だいたいそういう話をする。

息子と娘に踊りを習わせたいとお師匠さんのうちに行ったら、ひとりの女性が、「先生ありがとうございました」っていって帰っていった。

「先生、あの方は何をしに来たんですか?」

「あの綺麗(きれい)な奥さんね、御主人が仕事を失敗して、お金を借りに来たんですよ」

「えっ。先生、あの方にお金を貸したんですか?」

「銀行から降ろしてきて、渡したの」

「おいくら貸したんですか?」

「三百万円」

「三百万貸したんですか。保証書とかは」

「そんなのは書かないわよ。お互い様だもん」

それで半年経って、またその人と擦(す)れ違った。

「先生、今の人、あの三百万の人?」

「そうよ」

「あのときのお金を今、返しに来たんですね」

「何をいってんのよ。三百万なんて、半年で返せるお金じゃないでしょ」

「そりゃそうだ」

そのうちに三年くらい経って、そのことを忘れてた。「そういえば、あの三百万の人、どうしました?」って、思いだして訊いたら、「あたしの知り合いが訪ねて行ったらさ、もぬけの殻。よっぽど大変だったのね。夜逃げしちゃったの」。

「それじゃあ、三百万はフイになったの?」

「そうねえ」

「怒らないんですか。追っかけて、警察に駆け込むとか」

「そんなことしないわよ」

「何で?」っていったときに、その踊りのお師匠さんのいった言葉。

「うちの先祖があの人の先祖に、三百万借りてたのね」

ふっふっふっふ。そんなこといえる? オレ感心しちゃった。「へえっ、凄いな、この先生は」。

そんな考え方持てる?

6　もうひとつちょっといい話

もうひとつね、ちょっといい話。

アタシが林家正蔵師匠に弟子入りして、おかみさんに色々と躾を習っているうちに、二年か三年経つと余裕ができた。なかには自分たちで作るっていう一門もありますが、おかみさんが弟子のアタシたちのお昼ご飯を作ってくれた。お昼は大体十一時すぎなんですよ。師匠が十時ごろに起きてテレビを見て、ワイドショーを見てたら事件があったんです。

「おかみさん、ひどい事件がありましたよ」

おかみさんが前掛けで手を拭きながら、「何かあったの？」。

「二人の若い夫婦が子供を産んで、そんな子供は育てられないって、男が逃げちゃった」

「失礼な人ね、奥さんは？」

「女の人も、あたしも育てられないってんで、子供をコインロッカーに捨てたの」

「えっ、それで今騒いでんの？」

「コインロッカーで子供が泣いていて、開けたら赤ん坊がいたの」

「えっ、よくそんなことするわねえ。ひどいわね」

普通はそれでお仕舞いでしょ、大体どこの奥さんでも。ところがおかみさんがいった言葉、その後が凄いんです。

「何でそんなとこに捨てんのよ。どうせ捨てるなら、うちの玄関に捨ててくれれば良かったのに」

そんなのすっと出ますか。はあっ、心の豊かな人はそういうことを考えるんだなって、本当にそう思ったね。見ず知らずで、何でもない子供でも育てちゃうという、その気持ちがすんなり出てきた。昔の人は貧乏していても、心が豊かなんだな、優しいんだなあ。それを喋りますと、客席がしーんとしましてね。

正蔵師匠のおかみさんは、まず字が読めない。下町の寿司屋の三女かな。それで食べ物は質素。おかみさんがお寿司食ったり、肉を食ったりしているのを見たことない。天ぷらも精進揚げを自分で揚げて、弟子に食べさせて、自分はご飯におせんべいを振りかけて、お茶をかけて、さらさらっと。

師匠が、「今日はTBSのギャラが入ったから、ご馳走するから」って、「メンチカツ買ってきてくれる?」って買ってきて、みんなで食べたり。「きょうは、くろんぼでカレーライスを食べよう」って行ったり、そういうようなお金の使い方でしたね。アタシが一番美味しかったのは、うちのかみさんとよくいってたんですけど、長火鉢に必ず火が熾きてます、そこに焼き網を乗っけて、油揚げを切って、焼いて、炊きたてのご飯の上に乗っけて、醤油をかけてくれる。これが今でもアタシには一番美味しい料理ですね。アタシの前座修業時代は、肉や天ぷらや豪華な料理ではなくて、質素なご飯が凄く美味しかったですね。それは師匠の愛情が直に伝わってくる食べ方で、美味しかった。
お昼はおかみさんは一緒じゃなく、アタシたちに食べさせて、自分は簡単にしゅっしゅっとすませちゃう。食べるものに、まったく執着ないの。「あれが食べたい、これが食べたい」って、みなさんいうじゃないですか。「たまに、あそこの天ぷら食べたいわ」「あそこのお寿司食べたいわ」。そんなの一切ない。だから最期、栄養失調で目が見えなくなるんですよ。階段の一段目から落っこちた。一段目ですよ。そこにビニールがあった。それで滑って、どーんと転んだ。腰を痛めて入院して、歩けなくなった。それがもとで栄養失調で、目が見えなくなった。料理は作るけど、自分は贅沢はしない。せいぜい飴玉を舐めるくらいで。

それでアタシが病院に見舞に行った。「おかみさん、大丈夫?」っていったら、「ああ、のぶちゃん」って。もう、涙が止まらなかったですね。目が見えない人がアタシの声を聞いて、「のぶちゃん、来てくれたの」って、手を触って。あれは泣きましたね。アタシと同じ歳の師匠の孫娘がいたんですよ。師匠が亡くなった。おかみさんは入院しているから分からない。それを孫娘が、「あたし、きょうおじいちゃんが亡くなったことというわ」。

「えっ、いっちゃうんですか?」

「だって、いわないとわかんないでしょ」

それで、一緒におかみさんの入院している病院に行った。

「おばあちゃん、おばあちゃん」

「何っ？」

「おじいちゃん、亡くなったわよ」

「ああ、そう。ああ、そう。分かった。わたしの仕事終ったね」って。しばらく経って、亡くなりました。格好いいですよ、昔の人は。そういうところに弟子入りしたアタシがついているんですよね。よく考えたら、若い師匠のところに行ってたら、そういうことはありません。苦労した人がやっと名人になった。その夫婦の会話は、やたらに変な話はないですもんね。アタシは落語よりも、そっちのほうが教わりましたね。いいところにいった。みんなに可愛がられて、いい師匠に付いた。正蔵師匠には二十三回破門された。破門じゃないじゃないか、禁煙と同じじゃねえか。「禁煙くらい簡単なものはない」っていうでしょ。アタシは二十三回禁煙したのと同じだよね。

7 生き方指南

よく居酒屋のトイレに、親父の小言(こごと)って書いてある。最初の言葉がね、うちのかみさんがよくいってた言葉。「朝は機嫌よくしよう」という言葉。うちのかあちゃんが必ずいってた。子供が学校に行くときに、「しっかりね」とか「忘れ物はない」とか、「宿題忘れてない」とかで送り出しちゃ駄目。その一日が始まるんだから、和(なご)やかに、「いってらっしゃあい」「百点取ってねえ」「あんたならできるわよー」って。取れるわけないいんだけどさ。運動会のときは「一着、ごぼう抜きで勝っちゃいなさーい」って。かあちゃんはそうやって送り出してた。「朝は機嫌良くしろ」っていうのは、いいんだなって。そこの居酒屋のトイレ行くたびに、「うちのかみさんと一緒だ」って見てた。朝、厭な思いをしたら、一日辛いよね。それはいいことだと思いますね。朝はほとんど二日酔いだったけど、かみさんの手前、にっこりと笑ってないとね。はっはっはっは。

藝って、生き方の問題だと思うんですよ。壁に向かって百回稽古(けいこ)するよりも、一人のお客の前でやったほうが、全然、勉強になります。緊張感が違います。壁は何もいってくれないんですよ。笑いもしないし、欠伸(あくび)もしないし、くしゃみもしない。寝てんだか、起きてんだか、分かんない。ところが一人の客だと必ず聞いてくれてるんだから、大勢と同じ。だから手を抜けないでしょ。歯が痛くても一人のお客の前だと痛くない。降りてきて「ああ、歯が痛かったんだ、ずきんずきんする」。そういうことを何度も経験しましたもん。歯が痛いのが治っちゃう。治っちゃいないんだよ、治るわけはない。降りてきたら、また痛いんだから。痛いんだけど、真剣勝負のお客の前で落語をやっているときは痛くない。高座で自分たちが生業(なりわい)をしているわけですからね。

お相撲さんの稽古を見に行くじゃないですか、四時間も五時間もみんな真っ黒になって転がされて、長いこと稽古して、本番になると一分もかからずに、五秒か十秒で終わっちゃう。あれは凄いことですよ。稽古のたまものが生きるわけでしょ。相撲取りこそ、稽古じゃないですか。あの稽古が凄い役に立つ。力をつけていくわけですね。

アタシの考え方は、ただ稽古してうまくなっても、その人の人柄が出るかでないかですね。優しい人柄だとか、ケチなヤツはケチな藝が出るってよくいうじゃないですか。それは人間を磨いてないんですよ。人間を磨いて、苦労して、世間にどれだけ貢献しているかとか。「いい加減」という言葉もありますけど、「良い加減」にしないといけない。挨拶もきちんとできなきゃね。そういう噺家はいらないんですよ。お客さんからお金を取っといて、お客さんの前で威張った行為をしたり、厭な行為をするというのは、絶対駄目ですよ。歳を取れば取るほど、そう思いますよ。いつも、若い頃はよく変なことをやっていたなという反省の毎日ですけど、お客さんというのは大事なんだよというのは、やっとこの歳で親身になって分かりますね。

人間を磨くのはどうすればいいんですかね。お手本を見せないといけない。背広を前座が受け取って、ハンガーに掛ける。それを見ていて、この子はいってあげないといけないと思うじゃないですか。「お前さん、肩が曲がってるよ。誰が見てもこれ、見苦しいじゃない」「すみません」って直す。一回いうと間違いなく、その子は直します、やってます。「シャツもハンガーには下から入れないと駄目だよ、首のところから入れると広げるから、形が崩れちゃう。トイレの掃除も誰も居ないときに爪で剥がせば取れるから。綺麗にして、後で手を洗えばいいんだから。それも誰も見ていないときにやるんだよ」。自分の磨きかたですよ。

藝にはすべて出ます。辛いときには辛い喋り方になってますもんね。「あれ、何でこれに入っちゃったんだろう、これ仕込みが大変なんだ。馬鹿だね、これしんどい」とよく先輩たちがいいますよ。

「おれ、よせばいいのにさ、あれ入っちゃった」「兄さん、あれ仕込みが大変」「オレもドジだったんだよ」って、そういう話、よく聞きましたもんね。プロだから厭な思いをしながら、逆に、やるからそれがひとつの生き方になって、それが逆によかったりする。辛いときにそれをやって、自信を持っちゃう。受けたし、辛いときに嫌々やっちゃって、受けていたから、「ああ、オレこの噺、もう一度練り直そうかな」ってなっちゃう。そういう先輩たちをよく見てきた。だから先輩たちがよくいってました。「お前、稽古ならあの人へ行きなさい」って。自分がその噺を教えられる立場でも、「あの人のあれはいいから。行って教えて貰いなさい」って。そういう教え方もあるんですよね。「あの人のあの噺はいいよ」って。それで「稽古お願いします」って。それでそれをものにすると、自分のネタがひとつ増えていくという、それでやってきましたからね。

一番驚いたのは池袋演芸場で、大先輩、万年二ツ目みたいな、なかなか真打ちになれないその人が高座に上がった。そこに小さん師匠が来た。

「ご苦労さまです」

小さん師匠が落ち着いて、「お茶です」。

「おっ。高座に上がってるのは誰だ?」

「……です」

「駄目だな」

「えっ」

「こいつはこんな噺してっから、駄目なんだよ」

高座から降りてきたら、凄い小言になると思うじゃない。みんな緊張して、次の人が上がって、出囃子がタンタンタンタンチャンチャンチャンチャン。降りてきたその人が小さん師匠のところに挨拶に来た。

「お先でございます」

「はーい、ご苦労さま」

何もいわないの。それは世の中で、一番酷い仕打ちじゃない。「あすこはこうしなきゃいけないよ」「ああしないと」というところばっかりだから、何度いったって直さないんだから、「お前には何もいわないよ」っていう。小言も貰わないで、「はーい、お疲れさん」で、おしまい。それを見ていて、これはいいお手本を見ちゃったなあ、師匠に何かいわれなかったら、おしまいなんだなあ。ひとつだけ直せばいいんだよっていうつもりで怒るわけでしょ。

「お前、あそこはいい回しが違うじゃないか」とか、「あとはいい」ということですよ。昔は親切だから、後はここだけ直せば良くなるという教えで親切だから。それをその人に何もいわなかったね。最初は怒っているから、小言の山だと思った。「はいっ、お疲れさん」でおしまい。アタシはそれを見て、「小言をいわれなくなったら、この商売駄目だな」って。アタシは自分の弟子じゃなくても、気がついたことはいう。それが親切です。

王楽はあいつが噺家になってから、藝の噺は一切いってない。その代わり、しのぶ亭の二階で酒飲みながら、「そういえばね、お前、この間やっていた噺ね、……師匠が得意でね、こういうところを、こう省いていたよ」「ああ、そうですか。そういうやり方なんだ。考えたら、そっちが正しいかな」って。反省させるつもりじゃなくて、こういうやり方もあるよって、ただそれを王楽がどう処理するか。あとでやっているうちに分かるでしょうから。

藝談は年中、酒を飲むときにはいいます。親子でも、立場は兄弟弟子だけど、兄弟弟子なんて思ってもいませんよ。親子ですよ。師弟と同じ。やはり、いい噺はいい噺、駄目なのは駄目。それはいいますよ。そこは親子だから、「あれってさあ」と遠回しでいうときがある。遠回しでいってるって、親子だから分かる。

そういうことを伝えていくのが、アタシは一番だと思ってる。藝談は一対一で喋るのが一番ですね。自分の含蓄(がんちく)を広めて、みんなに聞かせるというのは、絶対に効果がないですよ。一対一だと聞きますよね。もう逃げ場がないんだから。その人にいわれて聞いてなきゃなんない。そのほうが教え方としては、一番いいんじゃないですか。うちのお弟子さんもひとりずつ地方に連れて行って、飛行機も新幹線も楽屋も打上げも、ずーっと喋ってる。

「こういう人がいたんだよ。お前のやる落語は早口だ。早口じゃ分かんない。大きな声を出さなくちゃ」

弟子のかっ好、今の好の助は早口で、近所のおばさんが、「かっ好のいっていることわかんないよ。どうすんの師匠」っていうから、「大丈夫です。声が大きいのは、うまい証拠ですから。見ていてください」っていった。
「びっくりしちゃった。かっ好、久しぶりに聞いたらうまいわね」「だから声が大きくなきゃ駄目なの。分かった、その意味」。それで納得したことがあった。小さい声だと、何をいってるのかも分からない。大きい声で失敗すれば、その失敗を直せば良くなるんだから、それはもう絶対に大きな声じゃなきゃいけない。

今は競馬も楽しいけど、テレビを見ていても情熱がわかないですね。競馬は昭和四十五年からやってるから、五十三年やってる。見方も、やり方も、馬券を取らないでも勉強になるし、取るなんてほとんどないような競馬、馬が走っているのが好きで、だけど賭けないと面白くない。ただ見ているだけだと面白くない。だから現場で、競馬場に行ってやると、全然わくわく感が違いますね。それが行かれないじゃないですか。開催は土日だから、ほとんど仕事が入ってる。隙間があると競馬場に行こうとすると、娘に「そこは大宮で三人会が入っているでしょ」って怒られて、焦っちゃう。みんなに謝って、「きょうアタシは仕事で行かれない」「えっ、来ないのかよ」「行ってらっしゃい」って、みんなを見送ったりして。

今はひとりだから、仏間に娘が買ってくれた小さなテレビがあるの。録画どりができる。そうすると映画、日本の話芸……あと歌の番組を録(と)っとくんですよ。それを見るのが一番の楽しみ。帰ってくるとひとりで、歌の番組やら、日本の話芸やら、映画、昔のいいドラマがあるじゃないですか。

「ああこの映画、高校時代だったかな」とか。それが凄く楽しみです。「鬼平犯科帳」を見たり、その頃自分は何をやっていたかな。高校時代、男のコ全部休ませて、「007」を見せるために、みんなで映画を見に行った。あっはっはっはっは。先生があきれ返っちゃった。「お前かぁ、やったのは。お前えじゃねえかと思ったよ。みんなよく休むよなあ。よくお前に付いて行くよなあ」。先生も見抜いていましてね、中学のとき、転校生が来たんですよ。転校生を必ずオレの隣に座らせる。

「おお、家入頼むぞ」「わかりやした」

それで次の日、「どうだった?」って。「あいつんちね、大塚公園の隣の母子家庭。あいつの他に弟二人。お母さんはパートしています。お父さんは分からない」「ああ、そういう家か。何か訳があるな。そうか、ありがと」

オレはスパイかよ。一日でカレの暮らしぶりが分かっちゃう。オレが「お前んちどこなんだ?」って付いて行って。そいつがヤクザになっちゃったんですよ。彫り物入れちゃって、卒業して悪さして、兄弟みんな親に反抗しているんだね。お父さんが有名な作詞家の先生だった。お母さんも綺麗(きれい)な人だった。お妾(めかけ)さんだった。後で分かる。男親を恨(うら)んでいるわけ。そういう家庭だった。だからヤクザになった。そいつが、「オレのこと庇(かば)ったのは、家入だけだったな」って、あっはっはっは。そんなこといわれても、困るよな。転校生必ず、オレの隣りなんだよ。

子供のとき、目が覚めると「今日はあいつら何して遊ばせようかな」って、常に遊ぶことばっかり。野球か、遊園地に連れて行くか。「向ヶ丘遊園なんて連れて行ったら喜ぶだろうな」って。全部写真を撮って、アルバムにして渡す。「おっとあぶないブランコちゃん」なんて書いて、みんなに渡すんだ。馬鹿でしょ。そんなマメな人いる？　それが今も続いてる。ある日、途中でやめようというのはないの。終わったのは、短気だけ。短気だったのが、ぴたっとなくなっちゃった。

8　お金についてのあれこれ

《好楽師匠には、お金のことをぜひ聞いてみたかった。よくお金のことを命の次に大切なものだという人がいるが、わたしは違うと思う。命の次に大切なものは家族だったり、自分が信じるものだったりと、絶対にお金ではない。お金はないと不便だが、そのことに拘ると、人間が小さくなってしまう。だからぜひ、師匠にお金のことを訊いてみたかった。》

お金は命の次の二番目じゃないですよ。お金は何かあったときに、お金で解決するというのが一番手っ取り早いじゃないですか。何かあったら、「じゃあ、これで何とかしてください」って。みんな飲んでいるときに、「これ全部払ってください」とか、それで解決できるじゃない。そんなのは世の中に少ないんですよ。人間って、お金で済まないことがある。柵とか。みんなによくいうんだけど、「お前たち、お金で解決できるのが一番楽だよ」って。ところが今、お金で解決できないことが山ほどあるから。人の心の問題ね。ちゃんと誠意を尽くしてやれば、分かってくれる。だから普段の行いが大事だ。人間の了見だからね。人間って、了見があるからね。あいつとは口きかない、あいつとは同じ席にいたくないとか、みんな思っている。誰でもそれは思っています。どんな偉い人でも、落語家だけじゃなくても、世の中のみんな。

お金で解決することがアタシは一番好き。あっはっはっは。すっきりするもん。その場でお仕舞いだもん。「はいっ、お疲れさんでした」「お疲れさん」。それが一番いい。そうはいかないんですよ。世の中の柵は。

稼ぐのは大変、稼ぐのはね。若い時はなおさらそう。仕事が全然ないしね。そういうときはヤケで飲んでましたね。アタシはどういうわけか、先輩たちに可愛がられましたね。「お前、今日あいているかい?」って幹部の師匠がね。「これから一杯飲みに行こう」って、アタシだけ誘われて。ほかの前座さんは誘われないの。そういう師匠方に、可愛がられましたね。何というのか、邪魔にならない、酒の相手になる子だからという。所帯を持てば、お金はないから、それは一番困りましたけどね。かみさんの実家は助けてくれる。お袋が貸してくれる。そうやって二つの家族に救われていたのかな。

それからアタシ、お金の苦労していないの。貧乏人の生まれでしょ。親父が警部で、四十代で死んじゃうでしょ。八人兄弟。八人が誰も働いていない。一番上もまだ学生、それをお袋が八人を育てる。貧乏でしょ。ど貧乏でしょ。それなのにね、後輩たちにご馳走したり、映画連れてったり。子供のときからそういうことやっている人いる?　あっはっはっは。

今考えたらね、家賃の苦労を一度もしてないですよ。最初に所帯を持ったのが二万二千円なんですよ。アタシの一年の収入が二万二千円のときに、一カ月に二万二千円も払っちゃった。かあちゃんが銀行に勤めていたから、かあちゃんの給料で家賃払ってたの。それも三カ月で終わっちゃった。実家が一軒空いているから、「おいで」っていわれて、「やった。タダ、タダ」と行ったが、かみさんは厭なんだね。自分の身内がうちにいるのは。常に、「あんた旦那はいつ帰ってくるの？」「旦那は今日どこに行くの？」って、うるさいのは厭なのよ。

「越そうよ」「だってお前、タダだからいいじゃない」。厭なお婿（むこ）さんで、「タダだからいいじゃん」って。

それで越したのが、民生住宅。竹の塚で四軒のくっついたうちで、誰でも使えるような空き地みたいな、庭みたいなのがあるんだけど、そこで行水してもいい。二階建てで、住んでいるのが全部おじいちゃんおばあちゃん。そこへアタシとかみさんが住むわけよ。長女が生まれたときに、「あんたたち、何でここに来たの？」って、そこのおじいさん、おばあさんがいうのよ。「私たちは年だからいいけど、あんたたちはこんなに若いのに」

「都営団地が当たったから、ここに来たんです」

「えーっ」てびっくりされた。若い人が住むとは思わなかったといわれました。若い夫婦が子持ちで、長女が生まれたばっかりで、二階で寝ていて、降りていって台所で食事したりなんかして、お風呂屋さんが近くにあったから二人で銭湯に行って。引っ越しの手伝いをやった奴が硝子（ガラス）を割っちゃったんですよ。その硝子代が千五百円。「バカ野郎、家賃より高いのを割るんじゃねえ」「えっ、ここの家賃、いくら?」「千二百円」

千二百円の家賃、池袋演芸場のワリで払える家賃、みんな笑うんだよ。「池袋、馬鹿にしているんじゃないか」って。(古今亭)志ん朝師が「池袋のワリで家賃払えるのは、お前だけだよ」って笑った。その当時の千二百円は……今の千二百円くらいでしょ、わっはっはっは。竹の塚の駅からタクシーで行かなきゃならないから、われわれは夜が遅い商売だから、バスがなくなりタクシーで、それから飲み始めて、何か食べに行ったり。「もう越そうよ」ということになった。それで練馬の石神井公園の団地に越した。理由をいえば越させてくれる。「仕事の関係で、タクシーを使うのはこの家賃を払う身としては大変だから」「それなら違うところを考えましょう」というので、石神井公園の団地に引っ越した。今度は石の団地、何号棟もある。五階の五〇一号室。

「引っ越して家賃が高くなった」「千二百円のほうが安くていいじゃない」「高いんだよ」「いくら?」「六千五百円」「安すぎだよ」

だからアタシは家賃の苦労をしてないんですよ。今考えると、ゆるやかな家庭生活、ホントに家賃の苦労をしてない。子供たちも保育園とかお金のかからないところに、ずばっずばっと入っちゃうから、そっちのお金もかかんない。良い学校なんて行かせられないから、町の学校だよね。小学校も中学校も。

日暮里のマンションに入ったときには買って、かみさんがローンを組み立てた。かみさんが銀行員だったから、必ずお年玉、自分の会に来たゲストやら、前座さんやら色物の人たちには新券ね。

全部、新券じゃないと駄目なんですよ。今でも、うちの王楽はそうやってますね。

そこで古いお札と両替して、包んで渡してますよ。それがうちの習い。うちの娘もいまだにそうです。うちのかみさんがやっていたから、それを真似してるんですね。「あすこのウチは、いつも新券だね」っていうのは、そういうことなんですね。貰って気持ちいいもんね。今はカードだから、アタシだけじゃないかな、どこに行っても現金で払ってるのは。カードでご祝儀は渡せないでしょ。お世話になった人に、五千円でも三千円でも渡すときには、新券じゃないと駄目ですよ。新券はいつも持ってますよね。

「新券ある？　お父さん」「下にあるよ」

お金の苦労はないですね。マンションのローンだけ。子供のころから、ガキ大将のころから、台所にお袋の財布があけたまま置いてあるの。「ちょっとお借りしまーす」って。「八人兄弟でそんなことするのは、お前しかいないよ」って。あっはっはっは。お金は欲しいですよね。仕事がないとお金は入らないからね。だから仕事欲しかったですね。お金があれば、みんなに奢れるからね。八人兄弟で賑やかだったから、もっと賑やかでも大丈夫だっていうのもあったし、かみさんの実家、甥っ子だとか親戚が一杯来て、年中賑やかなうちに住んでいたから、そういう風になっちゃったのかね。子供のころからお金は全部使っちゃって、取っとこうなんていう気もさらさらないしね。全部使いました。貯金なんて全然しない。

今でこそ、五百円玉をみんな貯金してね、孫娘が嫁ぐ時に渡す。五十万入る空き缶が五、六個ありますよ。今は鳩サブレのでっかい缶にも、一杯入ってますよ。「実家の祖父がお母様に持っていきなさい」と、持っていくように。「重てえよ、紙に替えろよ」「いいよ。重たいほうが受けるよ」って。あっはっはっは。

五百円以上のお釣りが来ると必ずそこに入れて、びっちり入ってます。どこの空き缶も五百円玉。競馬でも、五百円玉が残るような買い方をする。だから山のように五百円玉を持って帰って、貯金箱に入れる。クックックック、病気だよ、病気。あっはっはっはっは。それも全部、孫娘にあげるため。かわいいんだよ。

うちのかあちゃんが名言をいった。「生きたお金を使いなさい」「お父さん見ていると生きたお金、全然使ってないじゃない」って。それが流行っちゃって、孫が「きょうは生きたお金使ってきた?」って、厭な孫だよ。おばあちゃん、そっくりだよ。あっはっはっは。

かあちゃんのいう通りかもしれない。無駄な金ばかり使って。無駄が必要なこともある。「あんなことやったら駄目」「こんなことやったら駄目」っていうのでは、世の中面白くないしね。お金を残そうという思いはまったくないですね。

お金に対する考え方もずっーと同じです。ついてる人間ですよね。稼いだからまた入ってきて、使ってもまた入ってくるじゃないですか。だからほとんどお金の苦労はないんですよ。使わないと入ってこないんじゃなくて、この場をみんなで盛り上げたいとか、自分で率先して、自分でやんなきゃ駄目なんですよ。

弟子の兼好が、「お前の師匠はどんな人？」と訊かれて、「永遠のガキ大将です」って。「まああアタシが」っていうんで、やっちゃうんだね。親分になりたいんだね、あっはっはっは。小学生のときに野球チームを作っているときから、ずっとみんなの面倒を見てた。それはこういう性分だから、どうしようもないわな。別に威張る（いば）わけじゃない。みんなを楽しませる。

9　笑い

《好楽師匠と話をしていると、笑いで始まり笑いで終わる。好楽師匠の笑顔を見ていると、つられて笑ってしまう。本当に楽しそうに笑う。前夜飲み過ぎて、声が少し嗄（か）れていても、笑顔は変わらない。人前で笑うということは大変だ。師匠に笑顔の練習をしたりするのかと師匠の笑顔を見ながら訊いた。》

　そんなのやったことない。鏡見てそんなのやったことない。「きょうはちょっと飲み過ぎた顔だな」というのはあります。鏡見て、「ああクマができているよ。夜中まで飲んでちゃ駄目だな」という反省はしますけどね。

「好楽師匠のところの一門は、本当に楽しそうに、和気藹々（わきあいあい）と飲んでいますよね」っていわれる。

「アタシは喋っていませんよ」「えっ。師匠は喋ってない？」「みんながわいわいいっているのを酒飲みながら、聞いているだけですよ」「えっ、そういう師匠なの？」

みんなが喜んでいるのを聞いて、楽しんでいるんだもの。みんな下らないことといってね。「それじゃお前、馬鹿じゃねえか」とかいって。

《好楽師匠の弟子の三遊亭とむが、改名して錦笑亭満堂として真打ちになることが決まったときの会見で、好楽師匠はとむが兄弟子を抜いて昇進することに触れた。その抜かれた弟子のことを聞かれてもいないのに、昇進するとむのこと以上に熱く語った。そのことが決まってから、噺が良くなったと。わたしはその会見を見ながら、好楽師匠の人柄がよく表れていると思った。会見はとむの真打ち昇進会見だったが、わたしにはそれよりも、抜かれる弟子への好楽師匠の気持ちのほうが印象に残った会見になった。》

順番的には弟子の鯛好が先だからね。満堂が意気込んでいるところを「邪魔してもしょうがないから」と、鯛好はお歳を召しているから、身分を弁えて、「オレより先に行っていいんだよ」って、とむにいった。それをアタシは聞いているから。周りの人は心配しましたよ。兄弟子たちは、「鯛好、お前は真打ちになりたくないなんていっちゃ駄目だよ。もし師匠が早く亡くなったら、お前二ツ目のまま、師匠のいない弟子になっちゃうんだよ。真打ちになるときには、なっとかないといけない」って弟子の誰かがいったらしいけど、アタシはその通りだって。それを分かった上で、「もうちょっと勉強させてください。とむを先に行かせてください」っていうから。じゃあ、そういう了見だったら、その気持ちを汲んであげて。普通の人だったら、「とむちょっと待て、鯛好のあとで二年後」というけど、破天荒でやらせようと。鯛好は喜んで承知して、「ぼくはぼくでちゃんとしてやっていきます」といった。しのぶ亭で稽古し始めて、うまくなっちゃった。自分が覚悟したんでしょうね。お客さんの前で喋ることが大事。自分でお客さんを集めて、しのぶ亭で三席必ずやっているんです。ネタ帳を見ると、「よくやっているな」って。

「きょう貸してください」「次貸してください」って、頼んでいるもんね。両方ともよかったんですよ。鯛好もよかった。自分で納得して、みんなに了解もらってやるんならいい。二年後っていうけど、アタシは来年の正月に決めようと思うんですよ。「いつ何日、この子を真打ちにさせる」って。一応それをやれるのはアタシだもんね。自分は遠慮しているかもしれないけど、だけど上げてあげるのはアタシの愛情だから。

「今度、満堂が武道館を終ったら、次はウチの鯛好、頼むよ」って。「そうしたい」と正月に発表したいね。弟子はひとりずつみんな可愛い。みんな旅に連れて行って、その子の了見が分かっているから。こういうときにこういうことができない子なんだなとか。その子の性格が全部分かんないと師匠は務まんないから。みんな集めてよくやるじゃないですか。みんな集めて、「こうしなさいよ。解散」というのがほとんど。そういう師匠がほとんど。アタシはひとりずつと語り合いたいの。前座のときに「必ず朝十時に電話しなさいよ」と。今は前座さんがひとりもいないから、電話がかかってこないから、寂しいけどね。「きのうどうしたの。その人に世話になったの、それじゃあ、お礼いっとくね。はいっ」「今どこに稽古に行ってんの。そう、あの師匠にお礼いっとく」

そうやって報告がきた。常に弟子が何をやっているのか、どこに稽古に行っているのか、きょうはどこに旅に行くのか把握しないと。孫弟子は別、孫弟子は師匠がいるんだから。じゅうべえ、今の好青年までは全部、把握しています。それが師匠の務めだ。嫌いじゃないんですよ。辛かったらやらない。そういうことをやって生きていきたいわけ。自分は素直にそうやって思うから、世間さまは大変だと思うかもしれないが、アタシにとっては大変でも何ともない。落語の世界が好きだからね。

鯛好が伸びたのを見るのは嬉しい。お世辞かもしれないけど、「師匠、こないだ誰々と、鯛好が一緒だったんですよ。びっくりしたね。前と全然違うんですよ、上手になっているんで。師匠、鯛好に抜かれたくないという気持ちになりましたよ」と、お世辞でなくいってくれて、嬉しいですね。「そう、良かった。ありがとう」って。人が見てうまいとかいうのは師匠にとっても嬉しいもんね。そう評価するんだもんね。これは本物だよね。同業の人が褒めるというのはね。でもアタシがそれを聞いたからって、「お前、うまくなったね」とはいわない。それが一番の落とし穴。師匠に褒められたら、これは駄目なんですよ。絶対、駄目。それで駄目になってきた人たちをアタシは見てきたから。七十七歳、落語家生活五十年の祝いをやったアタシが、マジで落ちた人たちを見てきたから。「ああ、この子は勘違いをしているな。自惚れているんだな」「……に、上手になったなといわれて、その気になっているなあ」

落語家は死ぬまでやる職業ですよ。それを簡単に売れて、簡単にうまくなられたら困るでしょ。《名刺のことを忘れていた。その日、好楽師匠に初めて自分で作ったできあがったばかりの名刺を一番に渡そうと、鞄に入れてきたが、いつものように話をはじめるとその名刺のことはすっかり忘れてしまっていた。その途中で名刺の話になったときに、「あっ」と思いだした。会社を卒業して初めて作った肩書きのない、小さな文字の名前と住所、自宅の電話番号とメールアドレスだけの心細い殺風景な名刺を鞄から取り出して、静々と好楽師匠に差し出した。「松垣さんらしくていいね。肩書きを一杯入れる人いるよね。あれ何なんだろう。ああいうのは絶対、無駄だと思うけどね。あれで褒めてもらいたいのかね」といった。それにしても、組織の名前も肩書きもない名刺は心細いものだ。》

10　母の教え

《好楽師匠が色紙にサインをする時には、必ず横に言葉を添える。それも毎回同じ言葉ではなく、一枚一枚のその言葉が違うものだ。それは色紙を頼まれた相手に対する礼儀でもあり、サービス精神の表れでもあり、好楽師匠の心遣いでもある。》

十枚頼まれても、全部違う言葉を書く。「あれっ、全部違う」って、見ていた人が驚く。それでみんなが何か考えてくれればね。「なるほどな」っていってくれれば、それでいいんじゃないかな。そのときそのときで、別な言葉がでてくるんですよ。「礼儀ほど美しいものはない」。渋沢栄一の言葉。渋沢栄一はこんなことというんだ。起業家だけじゃないんだ。人を見る目があるんだって、そんなこと考えたりね。「明日やることがあるのが一番倖せ」とかね。貧乏は関係ないでしょ。やることがない人はボケちゃう。貧乏でも明日やることがあればやりくりはできる。そういう意味なんでしょ。明日やることがある人は一番倖せなんですよ。人はみんな背伸びしたくなる。みんなそうですよ。見栄を張ると必ずボロは出ますよ。「付け焼き刃は剥げやすい」。落語家は自分たちでいっておきながら、それをやっているバカがいる。そういうのが多いんだから、落語家は。「いっていることと違うじゃねえか」って、そういう人一杯いるじゃない。ねえっ。自分たちで教訓をいっているのに、守らない人がいるんだよ。アタシは無理してやっているわけじゃない。いいことを教わったから。

　お袋のことで気付くことがある。うちのお袋は親父がなくなって、子供を八人育てたわけですね。親父が四十代で死んで、上のねえちゃんも全部学生で、男はみんな新聞配達、女はアルバイト、小さいのは働いてない。池袋が近いから歩いてデパートに行って、その横で傷痍軍人が音楽を流しながら、前に缶カラを置いて、チャリーンとか、札を入れる人もいるし、うちのお袋は必ずそこに行って、千円札とか入れているわけよ。アタシはそれをずっと見てて、それで近所のお姉さんが、

「おばちゃん、いつもあそこの傷痍軍人にあげているでしょ。駄目よ」っていった。

「どうして?」

「あの人たち戦争で足をなくしたんじゃないのよ。違うことでなくしたの。それを兵隊さんの格好をして、嘘ついてお金を貰っているの。駄目よ、騙されちゃ。やめなさい」

そしたらうちのお袋、「でもさ、あたしたちよりは倖せじゃないんじゃない」っていった。そんな話は聞き流して、また次の日、お金を入れてた。アタシはそれを子供の時見ていて、「そうだよな、我々よりは倖せじゃないんだな」って。お袋は、「お互いさまだから」って、お金を入れていた。「この人たちは嘘つきだ」って、これっぽっちもいわなかったね。人のいってることに、耳も貸さない。子供のときのそんなことを何で覚えてるのかね。まだ小学校にも行ってないときだよ。お袋に手を引かれて買い物に行って、傷痍軍人の前にお金を入れるから、「何だろうなあ」と思ってた。それもよく覚えていますよね。

近所の学校に通わせるんじゃなくて、いい学校に通わせる親がいるじゃない。あそこの学校は厭だから。うちのお袋は「学校が悪いんじゃないの。生徒が悪くするの」って。うちのお袋はいいこというんだなあ。今になって考えると真っ黒になって、子供を八人も育てたお袋がそういったのを覚えてますね。よく「母親に似ているね」っていわれる。おしゃべりもそうだけど、お袋には年中、怒られてた。ところがラジオで落語をいつも一緒に聞いていたもんね。十時になると、「名人会はじまるよ」って。「この人面白いっ」て、お袋と二人、ゲラゲラ笑って聞いてたもんね。

あの頃はテレビがない時代だから、ラジオで相撲と野球は必ず聞いてましたからね。お袋、ラジオなんですよ。相撲から始まって、夜は野球。十時からは落語名人会。アタシはお袋のそばで聞いて、笑ってましたよ。十時は全然平気で起きてましたね。浪曲も聴いてましたね。くっくっくって、お袋が笑うのが嬉（うれ）しくて、いつも箒（ほうき）や鋏（はさみ）や包丁を持って、飛んできて怒るお袋とは思えないくらい。

家は一戸建てで、こっちが四畳半で、こっち側が台所。廊下があって玄関があって、その隣が一番広い六畳の部屋。その端にお袋が寝て、あとは適当に寝るんだけど、六畳間に布団を敷いて、下の子供たち五、六人が寝て、兄貴たちは別の部屋で寝ますけどね。そしたらお袋が寝転がりながら、明日のご飯の支度もしたし、銭湯にも入ったし、やることは十時のために早く終らせて、横になって。

「お袋、何をやってんの？」「面白いから聞きなよ」「何？」「落語だよ」「えーっ」

それから聞くようになって、聞いていたのはアタシだけでしたね。他の兄弟はみんな寝てた。それがなかったら、落語家にはなってない。一番最初に興味があったのは、落語だもんね。野球の選手とか、相撲取りとかは絶対になれないし、映画俳優っていうのもオレの顔じゃちょっと無理だし、「お笑いならいいか」って。そのうちにお袋と落語を聞いてて、落語もいいなあって。毎週毎週、名人会を聞いて。サラリーマンには絶対になれないって思ったね。人の前に出て笑わせたい。それが自分に向いてると。「落語家になりたい」っていったら、兄姉やお袋に、「バカッ、お前みたいな甘ったれに、あんな厳しい商売はなれっこない」と、いわれた。兄貴たちにもお袋にも、「駄目」「どうしてもなりたい。なりたい」っていったら、「本当になりたいといってもなあ」「お前みたいな甘ったれた了見のやつは、絶対に駄目」と。一応、悩みましたよ。サラリーマンとか、お給金を貰うのは駄目と。そんなのは絶対アタシは無理。何になろう。人前に出て、お笑いとか、喜劇役者とか、そっちのほうに憧(あこが)れましたね。ひとりで語って、お客さんを笑わせる落語はすげえなあ、これは本当に自分に向いているなあと思った。

ラジオの落語名人会を聞いて、お袋が説明するんですよ。「この声の人はいい声で、三遊亭圓楽っていうんだよ。いい声だね」。それで最初に興味を持ったのが、三遊亭圓楽師匠。そのうちに名人会が始まって、圓生、正蔵、文楽、そういう人が交互に喋る。「うまい人は全然違うなあ」と。アタシが子供のときにラジオにずっと出ていたのは、金馬師匠でしたから。小学校、中学校になってくると、圓生、正蔵、小さん、文楽。志ん朝師が物凄い勢いで、「格好良いなぁこの人」。寄席に十日間通って、見ましたしね。そしたら、談志師匠という凄い個性の人が出てきて、圓楽にしようか、談志にしようか、志ん朝にしようか、悩むなあって。そしたら新聞に、圓楽師匠にお弟子さんが入りました、今の鳳楽さんね、大きく出たの。写真は師匠が新聞を読んでいる前で、拭き掃除してるの。

「あーあ、やられちゃった」

こういう若い師匠には、最初の弟子じゃなきゃ絶対に厭だなと思って、それで諦めた。どうしようかな。うち帰ったら、「鰍沢」をやっている林家正蔵に、「この噺すごいなあ、情景が目に浮かぶなあ」って。絶対この人がいい。顔も何も分かんないよ。ただ、八代目林家正蔵という名前だけで、入門のお願いに行くんですよ。行ったら、香盤表をだして、「ほら、こんなに一杯いるんですよ。これがみんな予備といって、高座に上がれないの。前座さんがこんなにいるの。そのなかに君が入るの。厳しいよ。おやめなさい」「分かりました」って、あっさり帰った。それはなぜかというと足が痺れちゃったの。向こうも拍子抜けしたんじゃない。普通は粘るじゃない。

次の日、また行った。「また来たのかい」

それでまた説明を受けて、「違う職業がいいと思うよ。まだ若いんだから」「はいっ、分かりました」。

それで三回目に行ったら、「えっ、おばあさん、また来たよ。ところで、お名前は、何っていうんだい」。

「家入です」

「珍しい名前だね。下は」

「信夫です」

「のぶおかい」っていって、にっこり笑って、おかみさんの顔を見て、「おいっ、ばあさん、のぶおが帰ってきたね」って。意味が分かんなかった。そしたら、十七歳で長男が亡くなってるんですよ。その人の名前が「のぶお」。それがきっかけですね。それで次の日、「お母さんを連れてきなさい」って。お袋が「厭だよ、そんな偉い師匠の前で、お願いするのは」「だってお母さんを連れて来ないとオレ入門できないんだから」。四日目にお袋を連れて行ったら、「いいですか、こんな世界に入れちゃって」って師匠がお袋にいったら、お袋が、「ええ、泥棒よりもマシだと思います」。そしたら師匠が「これは一本、お母さんに取られたな」。

笑ったね。よくお袋はそういう言葉が出るよね。

「明日からいらっしゃい」。それで五日目から通いで、掃除が始まるわけで、そのときのことを昨日のように、年中思い出す。はっきり覚えています。二階から掃除していって、はたきを掛けていって、師匠はまだお休みですから、そおっと音を立てないように、掃除機は音がするので、そんなのは修業中には使いたくないし、夏でも冬でも雑巾掛け。二時間たつと師匠は十時に起きるから。

おかみさんが、「師匠、起きたよ」っていう。

「お早うございます」

「はいっ、お早う」

師匠がトイレ行って、歯を磨くので、布団を全部押し入れに入れて、師匠のところに座布団を敷いて、神棚の掃除をする。師匠の新聞と眼鏡を用意して、師匠が来たら、お茶を出す。新聞は赤旗だったか、朝日だったか。えっとどうだったかな。共産党が好きだったから。覚えてないなあ。そして、まだ残っているところを一時間かけて、掃除をする。四軒長屋で師匠のウチだけピカピカ光ってる。あとの三軒は埃をかぶってる。そういう修業でしたね。家では掃除なんてしたことないですよ。この師匠のそばに居られる、師匠に全部、恩恵を受けて物事を教わる。一から落語家の生活を教わる。義理人情を教わる。噺以外の思いを伝えてくれる。それはもう嬉しくて、八時からずっと。お昼はどうしたかな、師匠と弟子と一緒じゃないなあ、弟子たち三人のお昼をおかみさんが作って食べるんだな。師匠と一緒に食べるときは、何かギャラがはいったから、「今日はお弟子さんたちに、いつもと違うやつを」っていって、メンチカツを買ってきて、師匠がこっちで食べて、普段は師匠と一緒じゃなかったですね。

「お前たち、そこで食べなさい」みたいな。

アタシは住み込みだと思ってました。住み込みでやると決めて、坊主頭にして、住み込もうと思ったんですよ。「師匠、住み込みですか?」っていったら、「今はね、そういう時代じゃないんだよ。通ってきて修業するんだよ」。「えっ、通いなんだ」って。それは楽だし、いいけど、師匠の膝元でずっと暮らせると思ってたから、ちょっと拍子抜けしましたけどね。それで通うようになって。住み込みでずっと一緒で、お風呂も一緒に行って、背中を流してと思うじゃない。頭も丸めて行こうと思ったけど、兄弟子で頭を丸めている人はいなくて、拍子抜け。「じゃあこのままでいいか」って。一年間は見習いで寄席に出られない。今みたいにすっと寄席に行かれる時代じゃなくて、大勢見習いの人がいるんで、「まだ楽屋に入っちゃいけない」っていうんで、一年間は師匠の家で修業して、それで一年たった。

「林家のぶおなんて、落語家らしくない」って愚痴(ぐち)ったんですよ。

おかみさんにいったら、「そうなの、うちのひとはのぶおを気に入っているんだよ」。おかみさんが師匠に話したら、「そうかい、何にしようかね。止め名で、もう弟子はとらないから九蔵にしよう」と。止め名なんだけど、その後に一朝がきたけど、取らないって、それで柳朝のところに行かされた。師匠のところに来たけど「アタシはもうこのコで十分だ」って。その後に何と三人弟子が入ってきた。「じゃあ、止め名じゃねえじゃねえか」って。

《毎回、池之端しのぶ亭に、池之端の師匠、三遊亭好楽師匠に話を聞きに行く前には、必ずその隣の七倉稲荷神社にお参りをしてから伺うと決めて、ゆっくりと手を合わせてから、自宅の呼び鈴を押した。好楽師匠は、それを見ているらしく、「いつもお参りしてくれてありがとう」といった。そのいい方がまるで好楽師匠の神社のようでおかしかった。春には、神社の境内にある大木の桜が咲き誇り、ここで一門揃って、賑やかに花見をする。「神社はどこでも挨拶します。神様はどこでもお参りしますね」と好楽師匠はいう。そのことから、その日も前座時代の、林家正蔵師匠のうちの神棚の掃除の話になった。》

　師匠のうちでね、前座は掃除が仕事で、最後は師匠とおかみさんが喋っているのを見ながら、脚立の上に上がって神棚を掃除するんですよ。師匠とおかみさんが、「この子は神棚が好きなんだねえ。いつも神棚を掃除してくれて」って。そういえば、弟子で神棚の掃除をするのは、アタシしかやらなかったね。毎回気になってやってた。掃除は三時間かかって、最後は神棚。二階から下からトイレから階段から。そういう五年間。見習いが一年でしょ。四年間、前座をやったから。今の人はそうした掃除もやらないでしょうね。うちはやらせないしね。師匠方も忙しくなって、「いいよ、いいよ」とやらせなくなった。やらせなくなったのがいけないのではなく、了見の問題だから。了見を教え込めばいいのではないかと思ってね。「アタシはそうだったよ」と弟子にいうんですよ。「オレんときはこうだったよ」って。「ああ、そうだったんですか」って。だからといって、弟子に「やれ」っていうこともないしね。自分たちの心掛けが、何かあったときにそういうときにはこうなんだって、覚えておいてくれればいい。うちの弟子たちには、そのことは伝わってますよ。アタシは年中、喋ってるから。アタシの一門は聞いているから、伝えないといけないことは伝わってる。例えば、「あの師匠にお稽古して貰いたいんですけど」といったら、アタシが電話して、「うちの弟子があなたのお噺を覚えたいんですけど」「いいですよ。どうぞ寄越してください」って。そうやって行かして、それで、「お中元、お歳暮に必ず行くんだよ。お礼をするんだよ」って教えて。自分がやってきたから。みんな先輩や他の師匠のおかげで、ここまできたんだから。全部お礼のつもりでね。教わったら、それが必ず財産になるんだから。高座にかけて、それが自分の得意ネタになるかもしれないじゃないですか。それをタダで貰っちゃうんだから。だから「その感謝を忘れちゃあ駄目だよ」って。

噺を教わりたいって来た人は、断らない。断らないですよ。落語協会も、落語芸術協会も、立川流も、上方も関係なく、落語家はみんな一緒。師匠のなかには頼まれても断る人もいる。偏屈(へんくつ)な人もいる。「何でオレの一門の噺をお前が持っていくんだ」という人もいる。例えば得意にしている噺をあげたくない人もいる。「忙しいから」と断ったり、そのうちに諦(あきら)めて来なくなるだろうとか、そういう計算をする人も、一杯いますよ。アタシは断らない。他の師匠方もみんなよくしてくれたから。それはお互いさまですよ。みんなそうやってきたんだから、当たり前です。当たり前。恩着せがましくやっているんじゃなく、当たり前のことをやっているんですよ。

「師匠、この噺を教えてください」っていう子もいるんですよ、どこかで会うと。「その噺はちょっと思い出して、勉強してから電話するからおいで」っていうの。それで教えてあげる。復習(さら)わないと変なこと教えられないから。教えると、「これ寄席でやってみようかな」となるから、結構いい面もあるんですよ。思いだして、「ああそうだ。しばらくやってないから、これやってみよう」ということもあります。大変だっていっても、この業界はそれが当たり前ですから。

《この日も暑い一日で、日差しはそれほどでもないが湿度が高く、少し歩いただけでも、汗が滴(したた)り落ちてきた。この日も、好楽師匠は、いつものようにしのぶ亭に冷たいものを用意して、待ってくれていた。「替り目」についての話から、うどん屋さんが出てくる最後までやるからどうして「替り目」なのか分かるという話になった。》

NHKの「日本の話芸」で、お客さんが入っていないときにやったんですよ。「替り目」を本当に教わったのは、古今亭志ん朝師匠の真ん中で終るヤツ。アタシがまだ前座の時に、まだ志ん朝師匠が結婚したばかりで、団子坂の平屋建ての仮のアパートで、そこにアタシと圓橘の二人で訪ねて行って、でっかいデッキを持っていって、ガシャってスイッチを入れて「狸賽(たぬさい)」と「替り目」を教わったんです。今でもそのときのテープがありますけど。

「師匠、『替り目』になってないんですけど」っていったら、「いいんだよ、うちのオヤジと一門はわっと沸(わ)かして終わるんだよ。『元帳見られちゃった』」。

「それじゃあ、『替り目』じゃあないじゃないですか」っていったら、「勝手にやれ」って。あれやらないと「替り目」じゃないんです。

「いいだろ、お前自分で考えてやれ」

「それじゃあ。調べてやります」

志ん朝師匠の稽古は普通にやって、質問があったら質問する。だからアタシが「替り目」のことをいった。稽古は一回だけ。志ん朝師は忙しいし、何回も訪ねるのは失礼だから。志ん朝師が「テープ持って来い」っていうから、テープを持って行って稽古してもらった。

志ん朝師匠のうちのアパートがどこだかわかんないんですよ。「この辺かな」といったら、窓からぽんぽんって手を叩いて「お兄さん、こちらですよ」。駒形茂兵衛じゃないんだから。「一本刀じゃないんだから」って、笑いながら入っていった。そしたら、おかみさんが一生懸命、台所で料理していた。それで餃子を聖子さんが作って、そしたらそれが最初で最後の料理なんだって。弟子が「うちのおかみさんは料理作れないよ」っていうから、「オレには、ちゃんと餃子作ってくれたんだよ」っていったら、「えっ、初めて聞きました」って。志ん朝師の弟子はみんな、驚くんですよ。あっはっはっは。ちっちゃいアパートですよ。その後、六本木、鶴巻町、そして矢来町と引っ越した。アタシはずうずうしいから全部、行った。行くと、弟子がお茶を出すと、「君、失礼なことをしちゃあいけない。この方には、おビールでしょ」って、志ん朝師がわざわざいうんだ。

「お食事は何にしましょう?」

「厭ぁ、師匠、何いってんですかぁ。いいですよ」

「お客さまなんだから、天ぷら蕎麦（そば）なんかで、よろしいでしょうか?」

「ああ、すみません」

それでビール飲んで、天ぷら蕎麦食べて、「それじゃあ、失礼します」って。

「お前は稽古に来たのか、ビール飲みに来たのか、何しに来たんだ」

そういう可愛がられ方をしましたね。ずうずうしかったね、アタシも。秋田に一緒に行ったとき、志ん朝師が高座の脇で「替り目」を聞いてくれていたんで、それでサゲまでやったら、「あれでいいんだよ」っていってくれた。ホントに聞いていたのかね。はっはっは。


初高座は「寿限無（じゅげむ）」でした。それは林蔵兄さんって、その兄さん優しい人で、「兄さん、『寿限無』を教えてください」って教わった。それがアタシの最初の噺です。三代目三遊亭金馬師匠が亡くなったんで当時、金馬師匠は寄席に所属していなくて一匹狼で、東宝名人会しか出てなかった。林蔵兄さんはそのときのお弟子さんなの。今の時蔵の前の時蔵ですね。前座の時は、三遊亭金時とかいったのかな。「喰う寝るところに住むところ」じゃないんですよ。「着て寝るところに、住むところ」か。それが金馬師匠の「寿限無」。だからアタシは今でもそれ。「寿限無」はそうやって教わった。「寿限無」は誰も教わりに来なかった。そのまま、アタシだけのものね。みんな「喰う寝るところに住むところ」ですね。アタシのは、林蔵兄さんのやり方だから。

《立川談志師匠は自分は弟子に噺を教えるときは「誰々師匠からはこう教わった。自分はそれを今、こうやっているとその二通りを教える。そうすると噺がずっと続くことになる。それが伝統藝能

だ」。わたしにそういったことがあった。》

そうですね。新宿の末廣亭で、暮れに正蔵会があって、昼間は柳朝、夜は正蔵がトリ。昼間のトリが終って、夜席になったら開口一番、兄弟子の柳朝が、「お前、時蔵に『寿限無』教わったか？」。

「はいっ、教わりました」

「じゃあ、上がれ」

「えっ。ちょっと待ってください。今、アタシが上がるんですか？」

「覚えたんだったら、やれっ」

それでやって降りてきたら、みんなでひっくり返って笑ってる。「お前ねえ、『寿限無』だって十二、三分あるんだよ。今、お前の測ったら、八分しかない。そんなに早口でやらなくったっていいよ。客は逃げねえんだから」っていっていましたよ。自分でもまったくあがっているというか、客席が見えないんですよ、人がいるのに。自分が覚えたのをそのままやる。忘れちゃあいけない、心の準備もなく、高座に上がるつもりもなかった。高座に上がるなんて、夢にも思ってないから。すごい早口だから、楽屋は腹を抱えて笑う。

「そんな早口だったら、客はわかんねえよ。客は逃げねえんだから、もっとゆっくりやれ」

「客は逃げねえんだ」っていう言葉は、今でも忘れられない。昔の人は急にいって、高座に上がらせるみたいね。そうすると度胸が付くということでね。二回目はお客の顔は全部見えました。「あすこに誰がいる」「あすこに綺麗（きれい）な女の人がいる」って。一回目に急に上がらせて貰ったのが糧（かて）になって、二回目でもう、平気になっちゃった。「寿限無」を普通に十二、三分で。高座に上がってお客さんを笑わせようとして入ったんだから、当たり前といえば、当たり前なんだけどね。そういわれてみれば、アタシは弟子にいきなり「やれ」とはいわないですね。「覚えたんでやっていいですか?」「じゃあやりなさい」。そういうやり方ですね。

11 「お先でございます」

《好楽師匠と先日の隅田川の花火大会の話になった。「いつだったたっけ?」と、師匠がいう。その日はそういえば飲み出して四軒はしごしたと笑った。「いつまでも年を取らない不老老人ではなく、不良老人」と好楽師匠は自分のことをいって笑った。》

アタシの今、持っているお金を全部ゼロにして、死にたいなって、考えているんですよ。何年でなくなるか知らないけど。そうすると、うちのかあちゃんが、「偉いっ、おいで」って呼んでくれるんじゃないかな。「全部、無駄なカネだったね」「よくやった。無駄なことをやって」。そうやって褒(ほ)めてもらおうと。……全然、褒めてない。また向こうで、張り倒されるんだよ。「無駄なカネ使いやがって、こんちくしょう」って。「すいません」って謝りながら、あの世に行きたい。あっはっはっはっは。

死ぬことは怖くない。いつも「いつ死ぬのかな、今日かな」とか思いますね。もうかあちゃんのとこに行きたいから。ねっ、早く行きたいよ。やり残したこともない。まだお金は使わないといけない。あっはっはっは。アタシは着物を作ったら、すぐにあげちゃう。きっと死んでからは、「何も残してないじゃない、師匠」っていわれるな。

前は死が恐ろしかった。ホスピス、がん患者が納得して入る病院があるんですよ。一席頼まれて行ったんですけど、その人たちが納得した顔は、もう仏様。アタシも「ああいう顔になりたい」と思いますね。自分が死ぬんだとわかっている顔に。いい顔だと思いますよ。こんな醜い顔じゃないですよ。本当に仏さまみたいな好楽。そういうのをみんなに見せたい。あっはっはっは。

「やっと来たわね、あんた」「全部、使っちゃった」

かあちゃんが「それでいい。おいで」。それはもう、死なんてありえないと思っていたが、この歳になると、訃報の電話ばっかりなんですよ。年下も死ぬし、年上も死ぬし、同級生が何人も死ぬわけですよ。「オレもう、そういう歳なんだ。死がもう、目の前にあるんだ」

アタシがやるべきことは何だ、悔いを残さないでやるためには、持っているものは全部はたいて、持ってる落語の噺とか了見とか、そういうものは全部ばらまいて、そしてすっきりして、あの世に行きたいなと。もう目の前に死があるの。怖くないっていっても、怖いんじゃないかと思われても仕方が無い。みんなそうなんだから、そんなことといっても、アタシは本当に、正直、まったく怖くないですね。全然怖くない。悟りを開いている？　いいえ、悟りなんかない。死ぬときの言葉はもう決めてるんですよ。みんな私のところに顔を出してね。

「みなさん、お先でございます」
はあーあっはっはっはっは。これはアタシの最期の言葉に決めているの。ところがさ、それは倖せな死に方。でもアタシ、崖に突き落とされて死んでいくかもしれないし、電車にひかれて死んでいくかもしれないし、転んで死んでいくかもしれない。だから自分は格好良く死のうと思っているんだね。

「どちら様も、お先でございます」
これ一番、かっこいい死に方でしょ。皆に見守られて、そんなうまくいかねえよ。あっはっはっはっはっ。四十代のころからそう思ってましたね。真打ちになってからすぐに、そう思ってましたね。悟りじゃないんですよ。アタシみたいなこういう人生は、拾われたんだから。飲んだくれで、楽屋雀が何っていったと思う。

「あいつ、あんなに飲んでいて、体壊すよ」「あいつは野垂(のた)れ死にするよ」って。それを拾ってくれたのが、かあちゃんだから。とみ子がいなかったら、アタシの人生は野垂れ死にですよ。そしたらかみさんの実家も、アタシのことをみーんなよくしてくれて。甥っ子もみんなアタシを慕(した)って、一緒にご飯食べたり、旅行行ったり。何かあっちの子供になっちゃってさ。

実家のお袋が、「お前、また阿佐ヶ谷行くのかい?」「きょうもまた阿佐ヶ谷泊りかい?」って。お袋が安心して、向こうの家に預けるって感じで、結婚式の前の日に「結婚式だけは、うちから行きなさい」っていわれた。「嫁のうちから行くバカあるかよ」「はいっ、明日の結婚式は自分のうちから行きます」って、あっはっはっは。

知り合いが、「ホスピスの人が落語を聞きたい」といっているというので、最初は落語協会に電話して、事務局で「そんなことはやっていません」と断られた。それで、彼女のお姉さんに相談したら、「ラジオ局の仕事で、一緒に仕事をしたことのある好楽さんにお願いしたら」というので、電話があった。「お礼は些少(さしょう)ですが」といい、「いいよ」と洋ちゃん(三遊亭洋楽)と一緒に行ったんだから。洋ちゃん五分、アタシ十五分の二十分やっちゃった。

《三遊亭洋楽さんは、わたしと同い歳で、古くからの友人だった。好楽師匠の弟弟子にあたるが、実の師匠のように可愛がって貰っていた。総領弟子の好太郎師匠とほぼ同じ時期の入門ということもあり、噺を稽古するときは一緒だった。その後、洋楽さんは祖母と両親の介護のために函館に戻り、市会議員や農業をやったりしたが、六十歳を前に突然、この世を去った。亡くなったことを好楽師匠に伝えると、夫婦で大泣きに泣いたと王楽さんに聞いた。そしてすぐに墓参りに函館に行った。わたしと好楽師匠の縁に深い関わりを持たせてくれたのも洋楽さんで、そのことをいつも思い出す。それで好楽師匠と一緒に『不器用な落語家　三遊亭洋楽』を出版した。》

人間こうなるんだな、亡くなるのがわかっている人たちはすごいなあ、悟っちゃうと、こんないい顔になるんだな。全員仏様の顔をしていましたね。ひとりずつ握手して、「また来月」とかいおうとしたら、「いっちゃ駄目です。みんな亡くなっちゃっていますから」。

えっ、そういう寿命なんだ。そんな悟りを開いている人たちの前で、落語をやれたんだ。かえってこっちが感動したことがありましたよ。自分の死は着実に迫っていますよね。そのときにじたばたしないようなことはできないんじゃないか。ホスピスの人だって、絶対うちで暴れていたと思いますよ。死を納得して、ホスピスに入っている。納得して入るってすごいことだよね。頭がさがりますよね。すごいなって。悟りきるまでの闘いが、悟った顔になるんですね。みんないい顔なんだから。本当に仏様の顔っていうのはあれだなと。アタシがそこまでいくかどうかね。

いやだよってね、「まだ馬券買ってないよ」って。いざとなるとね、意外とセコいんだよ。「当たり馬券、まだ替えてない」って。「六十日すぎたら駄目なんだ」とか。そういうセコいこというんだよ、きっと。絶対、いうよ。

裸で生れて、裸で死んでいくんですよね。何にもないんですよね。無なんですよ、無。うっふふふふふ。もしも亡くなってから、天から見れるのかとかね、考えちゃうもんね。どうやって死んでいくのか。自分の心が決めるのか。死が急に訪れるか。こればっかりは、分からないですもんねえ。

第二章　噺家師弟の交わり

1　寄席は一番の学校

その頃、寄席にはお手本にする師匠方が一杯いたでしょ。文楽、志ん生、圓生、正蔵、小さん……、あの人たちだって、悪い所を一杯持っているんですよ。「これはやっちゃいけないな」「ああ、この師匠のいっていることはいいな」「この師匠はいい人だけど、これは駄目だな」とか、六十年近く噺家をやっていれば、噺を省くこと、噺を学ぶこと、色々とうまく作業していくんですよ。それを自分のなかのおなかに入れて、アタシはそういう人間になっていこうと思ってやってきたんですよ。

「お前はもう来なくていい」「もうお前はいい。帰りなさい」「もう、明日から来なくていい」これが破門ですよ。アタシは破門は二十三回という記録だから。

「お願いします。お願いします」

するとね、師匠は自分だけで責任を取るのは嫌いだから、ちょうど上方からお客さんが来ていると、その人の前でアタシを馘にするんですよ。

「わたしが一応間に入りますので、このたびだけは、わたしの顔に免じて、これも何かのご縁でございますので、助けてあげてください」というと、正蔵師匠が、「そうですか。お前、この方に感謝するんだよ」。それでおしまい。

それじゃあ、「破門じゃねえじゃねえか」と。そういういつもの破門の風景。破門の理由はだいたいお酒ですよ。お酒飲んで遅刻もあるし、師匠の鞄を旅館に置いてきちゃったり、さすがに電車の網棚には置かなかったね。はっはっはっは。

《好楽師匠の孫弟子の三遊亭らっ好が前座時代に、好楽師匠についていたとき、山手線の網棚に大師匠の着物の入った鞄を忘れたことに、駅のホームで電車が走り去った後に気付いた。「山手線はそこで待っていたら、一時間後にまた来るから」と、好楽師匠。山手線は一周が約一時間。師匠たちは帰り、らっ好はその場で一時間待って、無事に鞄は戻った。その間、本人は生きた心地がしなかった。好楽一門では有名な話だ。らっ好の師匠の好太郎師匠も、電車の網棚に師匠、好楽の鞄を忘れたことがある。師弟で忘れた。そういう好楽師匠も、正蔵師匠の荷物を旅館に忘れたことがある。》

電車での忘れ物はない。旅館に忘れても、すぐに取りに行った。破門の全部が酒のしくじり。師匠のウチで留守番をしているときに、師匠のウチの酒を全部飲んじゃったりね。それで、「お前もう来なくていい」。

誰かが、アタシの破門の回数を数えていた。兄弟子が数えていたの。

「のぶちゃん、今度で十二回目。気をつけんだよ。師匠、けっこう怒っていたよ」

「そうですか」

「今度、十三回目。こないだいったじゃない」「きょうで十三回目。十二回で止めなきゃ駄目じゃない」っていいながら……「のぶちゃん、十九回目だよ」。あっはっはっはっは。

破門二十三回目のときに、ウチのかみさんと結婚した。

「あとはお前さんの女房に、全部委ねる」っていう師匠のそういう作戦だった。あんなに、年中怒っていた師匠が笑うんだ。

「嫁さん貰うのかい。そりゃあ、良かった」

前座だよ。「まだ早いっ。馬鹿野郎っ」ていうところですよ。そうじゃない。「よかったな」あんなに喜んでいる師匠も珍しいと思った。そうか、これで自分の責任を逃れられるのか。それですぐ二ツ目に。アタシの上の人も一緒に、十一人で二ツ目に。前座だと結婚できないから、だから師匠が二ツ目にさせようと。アタシの上の人たちも、「嬉しいな、お前のおかげで二ツ目になれる」。一番上の人は二十九歳かな。「オレ、二ツ目になれなかったら、もう三十になったらやめるよ」っていってた。その人が一番喜んでくれた。「おっ、九坊、お前のおかげでオレ二ツ目になれた。さっそく紋付き袴を作ったよ」って。あっはっはっはっは。

上の十人みんなに感謝された。師匠もいい加減だね。自分の弟子が前座の真ん中か、下のほうなのにさ。面倒臭いから二ツ目にするって。協会の役員も、師匠に何もいえないじゃない。師匠は絶対だから。「はい、分かりました」って。「そのかわり上にいますよ。その人たちも一緒に二ツ目にしてくださいよ。そうでなきゃ、決まりがつかない」

今じゃね、理事会にかけたら、そんなのは絶対に許さない。理事会やったら大変だよ。そういうのんびりした時代でしたね。

真打ち昇進試験のとき、「一眼国」をやって、協会の幹部の人が聞いていて、「よかったよ」っていった。正蔵師匠に試験のことを報告したら「お前さん、今日は何をやったんだい？」って訊いた。

「『一眼国』をやりました」

「うーん、そうかい」

「みなさんがとってもよかったたって」

「当たり前だ、あたしが教えたんだから」って、にこにこと笑って、嬉しそうな顔をした。両方とも、悪い気はしない。師弟で笑ってるんだ。そんなことがありましたね。

「一眼国」を選んだのは、林家の十八番の「一眼国」をやるのがね、一番いいんじゃないかなって。教わった弟子がやるのは当たり前だもんね。好きな師匠から教わったんだから。色々な噺の候補がありました。でも、林家の弟子だから「一眼国」でいいやって。師匠が後から、ぽこぽこ人が出てくる、あのやり方をインディアンの襲撃で、谷のほうからわーっと攻めてくる、あの雰囲気をやるんですよ。一つ目の子を拐かして、逃げるところを村の人が、追っかけてくるでしょ。もう怒って、その描写がうまいんですよ。「鰍沢」の雪と同じですよ。「わあぁ、すげえなあ、この表現」。今やっても、その表現は師匠にはかなわないですね。かなわないのは、自分がこんな演出をやってんだぞという気持ちがあるからではないかな。だからできないんじゃない。端然とした師匠は、凄くいいんですよ。「まるで地べたから、人が湧くように」って、手つきも言葉も、全部合ってるんですよ。これができないんだよな、いつやっても。「この噺はむつかしいな」と思いながらも、好きだからやってる。

正蔵師も、圓楽師も、常に落語のことを考えてる。全部落語ですよ。毎日考えているんですよ。二人とも落語のことしか考えていないですよ。落語家は落語だけじゃなきゃあ、駄目ですよ。志ん生師匠が亡くなったときに、枕元に円朝全集があったという、それは絶対に本当ですよ。稽古の鬼だったんですよ。何で志ん生が名人、上手、面白いとなったのか、そういう稽古の鬼だったからじゃないですか。円朝全集を読んでたから、円朝ものをよくやっていましたよ。「名人長二」なんて、よくやってましたね。根っから落語が好きじゃないと落語家は大成しない。

正蔵師匠はどこで稽古しているのか、一度も見たことない。ぶつぶつやっているのも、聞いたことがない。誰もいないところでやっていたんでしょうね。林家は真面目だから、アタシみたいな稽古じゃないと思いますよ。誰もいないところで、ぶつぶついっているんじゃないですか。絶対にそうだと思います。間違いなくアタシみたいな稽古じゃなく、頭のなかでとか全然違う。絶対に稽古しています。誰もいないところでね。稽古の話は訊かなかったですね。たぶん夜中に、ひとりでやっているんだなって、思っていましたから。だからあえて訊くってことはなかったですね。

常に落語のことばかり考えているんですよね。だから落語家は、落語が好きな人は、その人物も面白いひとですよね。落語と同じように歩むんですね。「こんなことしちゃあ、そんなことしちゃあ、妾馬だよ」とか、「それじゃあ、お前、小言幸兵衛だよ」とか、日常のことが全部、落語なんですよね。「それじゃあ、お前（めえ）、子ほめだよ」とかね。「それじゃあお前、大工調べじゃねえか」とか。お客にはまったく通じない話で、落語家だけの会話で、噺家はそういういい方をするんですよ。

常に落語のことを考えていないといけない。だから若い師匠方には、よく遠慮無く、訊きましたもん。談志師匠にも「落語が一番、最高なんじゃないですか？」。

「当たり前だ。フレッド・アステアがタップやったたって、何したたって、エンタテインメントとしては最高だよ。でも落語のほうが絶対に上だよ。文章にもないような言葉のギャグやら、情景だよ、お前」

「アタシもそう思います」

いつも談志師匠と語り合ったんですけど。だってさ、「小言幸兵衛」で「おっ、ばあさん、布団出しなさい」。いい話し相手、丁寧（ていねい）な言葉を使うお客が来るじゃないですか。それがカモになるんだけどね。「まあ、上がんなさい。おばあさん、布団持ってきなさい。布団、寝る布団持ってきてどうするんだ」

「これが、お前、落語だよ。そんなこと世間、考えられるか。お客が来て、布団敷いて二人で寝ちゃうわけねえだろう。これが落語なんだよ。こんなものどんな文章にもねえよ」

談志師匠といつも感心したもんね。落語にはそんなものが一杯あるわけでしょ。考えられないことでしょ。でも言葉でいっちゃえば、「そんなばかな」っていう、その闘いでしょ。表現方法が面白ければ面白いほど、顔から出る言葉か、知らん顔して出る言葉か、その表現によって面白さが違うじゃないですか。真面目な顔で、すごい面白いことをいうと、すっごいおかしいでしょ。そんなことという人いないでしょって、当たり前の顔をしていうでしょ。師匠方によって、それぞれの表現がある。この師匠のこの表現は、面白いなって、絶対にこんなことありえないのに、あるようにいうのはすごくおかしい。これは噺家仲間のおかしさで、お客席はどう思っているか分からない。われわれはわれわれで、客になっちゃって、「こんなこといわねえよな」って、仲間と笑ったりするんですけどね。

常に噺のことを考えていないと。そう、特に歳をとってくるアタシたちはね。昔のあの師匠は、こんなことといったねとか。アタシは得ですよね。前座のときから、名人上手の噺を目の前で聴いたり、会話させて貰ったり、一緒に酒を飲んだり。そんなことする前座いないでしょ。アタシの財産はそれですよ。書物に書いてあることが、頭に入っているんだもん。ぜーんぶ、あのとき、あの師匠はあんなに怒ったけど、こうだったんだなとか。あのときは、ああだったけど、違うことを考えていたんだなとか。目の前であったことが、今でも目に浮かぶ。

若い落語家さんに、アタシが貰ったものは、ぜーんぶあげないと。王楽に落語のことを一切注意したことはないし、自分が受けなかったことは、自分が悪いと自分で分かっているから。噺家は自分で分かっているんですよ。「下手だ、何でそこんところ出来ないんだろう」って。それをあえていう必要はないじゃないですか、同じ職業の落語家が。どんな前座でも、どんな先輩でも、名人上手でも、スターでも、自分が分かっているんだから、それをあえて追求する必要はないんですよ。うちの王楽が独演会で三席やったりしたら、たまに聞いてるとそれで「ちょっと飲もうか」と、余裕があるときに、二階で二人で酒飲みながら、「そういえば圓生師匠はこういう演出だったよ。小さん師匠は、どういう訳かこういう演出なんだよ。稲荷町はね、こうやっていたかな」。「えっ、ああそうですか。ああそっちのほうがいいかな」とか。そういうヒントみたいなものを与えることは大事ですよね。実際に名人上手がやっていたことを伝える。アタシが入った時期が一番良かったんでしょうね。落語ブームのまっただ中、三平師匠がかき回して、黒門町の文楽師匠がしーんとさせて、そんな贅沢（ぜいたく）な太鼓を叩いていた前座がいたんですよ、アタシ。これはすごい財産ですよね。

2　師匠の存在

師匠というのはあまりにも尊敬し過ぎて、存在が大きいんですよね。でも、好きな師匠の噺があるから、だんだん師匠の歳に近づいてきたら、「この噺もう一回やってみようかな」と燃えているとか、そういう時期なんですね。嬉(うれ)しいですよね、そういうことができるんだものね。やっていいんだもんね。師匠の噺を第一、こっちもちゃんと教わっているし、もう一回やっていいんだからね。この商売ありがたいですよね。いつも師匠が見てくれているとか、うまくねえなという顔しているとか、そういうのを感じられましてね。ずーっと師匠が居てくれるんだなと思って。新聞に独演会とその人の名前が出るじゃないですか、継いだ人の名前を大きくしようとか、師匠から貰った名前をね。それは親孝行しているなとアタシは思います。確実に。独演会って、やってない子が一杯いるじゃないですか。アタシが二ツ目のときには、一番活字に載ったからね。「九蔵、本牧亭独演会」。楽屋の先輩がいったもんね、「お前、毎日酔っ払っているみたいだけど、ちゃんと会はやっているもんな」って。そういうふうにいわれましたね。

鳳楽さんが師匠の圓楽の弟子で、アタシと円橘が林家、小円朝師匠の弟子で、三人が仲がいい。圓楽師が「お前らね、楽屋に何があってもいいから構わない。酒飲もうが何しようが、落語会をやっているというのは、誰にも負けないつもりでやらないと駄目だよ」って。それで三人でネタ卸しの会を三年やった。三年ですよ。毎月きつかった。「明日、会館が火事になればいいな」と、本当に思った。「明日、地震こねえかな」って。自分だって、地震があったら大変なのに。「あの会館だけが地震にならないかな」って、そんな馬鹿な。そのくらい辛かったですね。でも、それが一番良かった。過去を顧みて、あれがなかったら、こんなにネタ増えてない。だって、そのときは失敗しても、覚えていることが先だから。この歳になると、練り治すと結構、良い形にできるんですよ。自分自身が大人になっているんですね。色々な人の噺を聞いて、そのなかで加味して、いらない分は省略して、淡々とした噺に作っていく。それができる。やってなきゃいけないっていうのは、これなんだと。無意識で、ただ勉強、勉強ってネタ卸しをやってたけど、今考えてみれば、それが凄い財産ですね。二ツ目になって、すぐでしたね。毎月だからね。三十六回、七十席覚えたかな。長い噺が仲入り、あとは前の噺と後の噺、それで二席一席二席で。一席の人は大ネタをやる決まり。ホントに辛かった。でも出した以上はやらなきゃいけないから、これが今考えると、逆にいいんです。よくいるんですよ。出したはいいけど、覚えきれないから、「きょうはそれやらない」という師匠も、一杯いるんです。アタシはそれはなかったね。下手に決まっているんだけど、やりました。辛いけどやる。ベテランの新聞記者の評論家のひとは分かるよ。「ああ、こいつ、うろ覚えだな」「あんなこといっちゃって」とか。そういう人が、前で聞いてくれているんだもの。

八代目正蔵師匠は普通に凄い人だなと。落語を聞いて弟子入りに行ったんだけど、性格はアタシが思っていた通りの人だった。語り口と同じように、最初から「この人は凄い人なんだな」と思いましたね。完全に糸で結ばれていた。引っ張られたような感じでしたね。自分は自然にそこに行くもんだという。談志、圓楽、志ん朝、三平師匠が好きだったけど、「どっちにしようかな」という悩みはなかったですね。

驚いたのは林家の「鰍沢」。「すげえな、この人。こんな語り口なんだ」。淡々としていて、雪のシーンが見えて。「あの人のところに行こう」と決めました。導かれたんでしょうね。それを聞いてなかったら、正蔵師匠のところに行ってないかもしれないもんね。また悩んで「違う師匠のところ」って、なったかもしれない。落語家はみんな魅力的だから、そのなかでひとりを選ぶのは大変でしたよ。みんな好きなんだから。凄い選択ですよ。落語が好きな人は、落語家が好きに決まっているじゃない。

師匠は思っていたところと違うところはなかったですね。凄い真面目な江戸っ子で、かっこいいおじいさんだと思いましたね。厭なところはひとつもなかった。怖いし、義理堅いし、挨拶に行くのにひとりで行っちゃって。普通、弟子に頼むじゃない。「ちょいと、あの人のところに行っといで」って。それが一切無くて、自分で行っちゃうんですよ。それが礼儀だって。それを教わりましたね。自分がいうんじゃないですよ。師匠は自分の性格がそうなんですよ。何かを頼みに行くときは、ひとりで手に何か下げて持っていって、「ありがとうございます」っていう。アタシはそれが当たり前だと思って、見ていましたね。うちのお袋がよく、「人様のところにおじゃまするのに、手ぶらでは駄目だよ」って、そういうふうに子供のときから教わっていたから、やっぱり師匠もそうなんだなって。それは気持ちがぴったり合いましたね。

一度決めたことは守る。凄い人でしたよ。自分が立場上、上だったら下の人に「どうぞ」って席を譲ってあげた。何でも相談事は師匠のところに来ましたね。アタシが前座でお茶を出した人は、席亭だとか、新聞社だとか、凄い偉い人が、「林家にお願いがあります」って。テレビ局のプロデューサーが「こういうふうにやりたいんですけど。師匠、どうしたらいいですか?」とか。常にこの人なら間違いない、だから志ん生師は自分がいい加減だから、志ん朝師を前座修業させるために「堅い岡本(八代目正蔵師匠)に頼もう」ってんで、弟子入りさせようとしたんでしょ。

アタシが早く父親を亡くしたから、父親の気持ちでもいたのかもしれないですね。父親が亡くなったのは、小学校に上がる前でしたから、師匠とどこかに行くといったら嬉しくて。それでもちゃんと失敗はしましたからね。そんなに尊敬するなら、失敗するるんじゃねえ。あっはっはっはっは。

八代目正蔵師匠のところは、牛めしが有名だった。自分の弟子だけじゃなく、来るお客さんみんなに牛めしを振る舞った。そういうのを圓生師も、志ん生師も、文楽師もみんなやっているのかと思った。そしたら林家だけなんだ、お客さんに振る舞うっていうのは。アタシはそういうの、自分もそうだったから、当たり前だと思って見ていた。アタシは肉を切るだけ。台所で弟子が陣取って、包丁を四つか五つで肉の塊(かたまり)を切る。鼻歌を歌いながら、冗談をいいながら切る。切ったやつをおかみさんが大きな鍋に入れて、煮込むと灰汁(あく)が出る。灰汁を取って煮込むといい味になる。四日間かかる。おかみさんが砂糖と醤油で煮込んで、煮込んで、それで最後はネギ。長ネギを切って入れて、あと焼き豆腐。ネギと焼き豆腐だけ。それをお皿に入れて、一味をかけて酒のつまみ。ご飯にもそれを掬って。

五代目圓楽がね、「あれ、誰か作れねえかな? お前、作れんだろ」。「アタシできませんよ。アレ、おかみさんが作ってた」「そうかいっ。オレもやってみたけど」「師匠、そんな高い肉じゃ駄目なんですよ。霜降りの高い肉じゃ。稲荷町のは一番安い肉を買ってきて、四日間煮込むんです」「四日も。四日間は煮込めないよ」

談志師匠も好きでしたし、圓楽師匠も好きでしたね。師匠とおかみさんの気持ちが入ったものと、弟子が作るものは、違いますよ。

アタシは料理はできないけど、ここで、王楽たちが落語会をやって、終って飲んでいると台所にあるものを、ウインナーがあったら茹でて切って、辛子を添えて、「これっ」。

「師匠、ご自分で」

「そう」

これが見事に食べるんですよ。近所の肉屋のチャーシューをたこ糸を切って、肉を薄く切って、キャベツを敷いて、ぱっとやって、辛子を添えて。「馬鹿ウマですね」「いやいや、毎度、すみません」って。「なんだこの野郎、てめえっ」て。それが好きなんですよ。あっはっはっは。焼いた食パンに、ポテトを挟んで。「これ、何ですか」「ポテトサンド」「へえっ、師匠が作ったんですか?

うまいじゃないですか。ありがとうございます」

それで、水曜日に、瓶と缶をゴミにアタシが出す。やんなっちゃう。あっはっはっは。

落語家は職業か芸術家か。林家は藝術家といういい方を嫌ってましたね。「藝人でいいんだよ」って、「藝をやる人、藝術じゃないよ、藝人だよ」っていってました。アタシはよく説明するんだけど、噺家というのは口扁に新しいと書く。昔は、落語家には瓦版みたいな役目があって、ニュースを伝える、教える役目だから、口扁に新しいというものだと思ってますけどね。落語家でいいんですよ。分かりやすいもんね、落語家っていったほうがね。噺家だろうが、落語家だろうが、アタシにはこだわりはない。同じだという意識だから。

正蔵師匠は厭なお客さんでも、厭な顔はしないし、逆にその人が心配になって、「この人はこういう癖があっていいのかなあ」と、その人の心配をしてる。「この人はこういうのでいいのかなあ」と、そういうのはありました。

自分がここまでの六十年近くは変らない。前にいった背伸びをしないというのは、自分の気持ちにぴったりで、噺家で不自然なことをする人がいるじゃないですか。貧乏噺のうまい人が落語会が終わると裏からベンツで帰るとか。運転手付きの車で帰るとか。アタシはそれは好きじゃないですね。もしあったとしても、誰も見ていないところで、「すみません、足が持たないんで、歩けないんで」って、そうやって、遠慮して乗るならいいけど、偉そうな顔して、客の前をふんぞり返って。

客は「わぁ、凄いなベンツだ」っていうかもしれないけど、アタシはそれは違和感を感じるんです。そういうのは厭だね。

正蔵師匠の定期券の話は有名です。定期券を持っているのに、買い物に行くときには、必ず切符を買った。

「師匠、定期券でいいんじゃないですか」

「定期券というのは寄席に行くときに毎日乗っても、こんなに安いんだから、他のことに使うときには切符を買うのは当たり前だ」

堅い人なんだ。生き方すべてがそう。

破門にならない酒のしくじりも多いですよ。絶対これは破門だなというのをアタシは経験したけど、師匠は破門しなかったもんね。それほど、のぶおというものに、同じ名前のアタシにムチを打てなかったんじゃないですか。自分がいながら、十七歳で息子をなくすという不手際をやったという、その思いがあるんじゃないかな。それしか考えられないですよ。だって、二階で酔っ払って、必ず怪談噺をするときに、お線香とお数珠を持っていって、お参りするんですよ。そこへアタシがね、掛け軸の前で寝ていた。師匠が二階にあがってきたの分かってるんですよ。普通の人だったら、「どけっ、この野郎」って蹴飛ばす。蝋燭と数珠を持って、「おやおや、なんだい、こいつ」って。本当はその前に座りたいんだけど、アタシが寝ているから、「しょうがないねぇ」と、斜めになって座った。アタシは薄目をあけて見ていたが、今起きたら大変だって、そのままで。凄い優しい人だと思いながら。優しい人だと思うより、「お前、反省しろよ」だ。あっはっはっは。誰にいっても、お前すぐに起きて、「すみません」って謝るべきだって。起きなかった。それだって破門だよ。

ＮＨＫの録音のときに、師匠の紋付き袴を持って、お供で行くわけですよ。独演で、ひとり喋るわけですよ。師匠は忙しなく、いつも早く着く。二時間前に着く。そのことは兄弟子に聞いている。

「うちの師匠、早いから気を付けろよ」

ＮＨＫの大きな控え室があって、ディレクターが来て、「長丁場ですが、よろしくお願いします」と挨拶して。

「いやいや、どうもどうも」

「……分に始まりますので、その三十分前にお着替えください」

「はい、分かりました」

アタシが鞄を持っていて、そのうちに昨日の酒が出てきちゃって、うとうとして寝てしまった。がさがさって音がしている。師匠は紋付きを着て、袴を付けて、羽織を着ていた。「これで起きちゃあまずいな」と、そのまま。

今度は袴を畳んで、着物を畳んでいた。「えっ、もう終ったぁ」。あっはっはっは。それでアタシが寝たふりをしていたら、全部師匠が自分で着物を畳んで、鞄に入れて、チャックを閉めてる。

師匠がコートを着て、「おいおい、のぶお、帰るよ」。

「お疲れ様でした」

起きて、師匠をウチにお届けして、おかみさんに「師匠、お疲れさんでした」。

「はいっ、ご苦労さま」

次の日、師匠のところに行ったら、おかみさんが、「あんた昨日、ずっと寝ていたんだってね。何しに行ったの」って、いわれちゃった。

「すいませんでした」

それを「破門」っていわない。だから、破門の回数は二十三回より、もっと多いんですよ。「しょうがないねぇ、こいつは」

弟子たちは師匠が一階にいるから、二階でわいわいやっていて、そこへ師匠の大ファンのお医者さまで、家入さんっていうんですよ。アタシと同じ苗字の人。

「家入先生がおみえになった」

「えっ」

「お前と同じ名前だなあ」

「ほんと、そうですね」

ある日、うちの兄弟子が聞いた師匠の言葉なんだけど、その日、その家入先生がお土産（みやげ）を持ってきて、「師匠、お体、お気を付けてください。日本の宝ですから。師匠は絶対、体を壊さないようにしてください。私は医者ですから、見守りますから。いいですね」と。帰るとき、その人が、玄関で靴を履くとき、「師匠、本当に、お体に気を付けて。家入、また拝見させていただきます」

師匠が兄弟子に「同じ家入でも、えれえ違いだ」って。兄弟子がいってた。あっはっはっは。

入門して初めての正月、アタシがまだ、林家のぶおで、四月に入門して、九カ月目の正月。大晦日、(春風亭)柳朝兄さんのおかみさんと、初めて会ったおかみさんと意気投合して、二升五合飲んじゃって、朝まで飲んだ。

「あんた、あした林家の師匠のところ行かないといけないんじゃないの」

急いで大塚の家に帰って、眠くなって寝て、お袋に「早くいかないと」と、いわれて行ったら、一門全員、紋付き袴で揃ってた。

「みなさま、おめでとうございます」

アタシはまだ見習い前座で、前座にもなっていない。最初に来て、テーブルを出して、座布団を揃えて、みんなを迎えないといけないのに。それが一番最後に遅れてやってきた。

「バカ野郎っ。おめえが来てやるんだ。バカ野郎」

兄弟子たちはあきれかえって、笑っているの、みんな。師匠も「しょうがないねぇ」って。それだって、普通は破門だよ。そんな破門が一杯あるのに、本当の破門は二十三回しかない。

翌年も、また柳朝師匠のおかみさんと大晦日に飲んじゃって、「あんた、去年しくじったんだから早く帰んなさい」って、自分が飲ましときながら、「早く帰んなさい」はねえだろうと思って。また遅れて、「みなさんおめでとうございます」。「またこの野郎」

三年目にいくら何でも、今年は早く行かないといけないと思って、考えたあげく大晦日、師匠のウチに泊ろう。こんな頭のいい作戦はないって。それも早く行って泊るわけじゃない。べろべろに酔っ払って夜中、師匠に「泊めてください」っていったら、「しょうがないねぇ。二階のベッドで寝ろ」と、泊った。

元日になりました。「今日はしくじらないだろう」と思ってたら、兄弟子が、紋付き袴でとんと階段を上がってきて、「のぶちゃん、みんな揃ってるよ」「また駄目だっ」

兄弟子に起こされちゃった。ウチの兄さんたち、みんないい人だもん。みんな笑うんだ。「しょうがねえな、この野郎」。全員、「しょうがないね、こいつは」。よっぽどいい師匠のところに行ったんだね、アタシが。あっはっはっはっは。

前座のころ、新宿末廣亭の高座の真後ろの前座部屋で、そこで寝てたら、「誰が寝てんの。あの野郎、林家の見習いじゃねえか。たたき起こせ」って、誰かいった。一番偉い立前座が、「いいんだよう。あいつは林家の弟子なんだから」って、全然理由になってないの。その兄さんがいい人でね、助けてくれた。変な人生ですよ。そんなんでいいんですかねえ。あっはっはっ。考えてみれば、それがずーっときているわけでしょ。それが当たり前で、ずっときたのかねえ。それでも前座ではよく働きましたね。落語ブームだったから、前座さんが一杯いるでしょ。常に上野鈴本と新宿末廣亭は十人、十人。昼席十人、夜席十人、それくらいの人数でした。大勢いるじゃないですか。ひとりで、できる。ホントは一人二人で足りる。太鼓と着物、お茶出したり、高座返しをしたり。

人形町や浅草演芸ホールなんかだと、人が足りないときには、「兄さんやってください」って指図をする。そういうのは、みんなが見てくれていましたね。

3　三平師匠から学んだこと

この人から学んだという人はナンバーワンは（林家）三平師匠ですよ。可愛がられましたからねえ。初めて会ったのは、（林家）木久扇兄さんが木久蔵時代。「のぶちゃん、ちょっと」と、アタシのこと呼んで。「行こうかあ」

「どこ、行くんですか？」

「一緒においで。歩いて行くから」

そのうち不安になった。「兄さん、どこ行くんですか？」

「三平師匠のとこ行く」

当時、お客さんは圓楽、志ん朝、談志じゃなく、三平だもんね。テレビを捻れば、三平。国民的なスターですよ。まだ名前もない無名なアタシ。

「ちょっと待ってくださいよ。それは行かれません。そんな偉い人のところには」

「駄目駄目、行くの」

行ったら、作家さんとか取り巻きの人が、ビールなんか飲んでいるんですよ。おかみさんや女中さんがどんどん料理を出してる。それで三平師匠はいないんですよ。夕方ですよ。いいのかなって、木久ちゃんがビールを注ぐから、アタシも木久ちゃんにビールを注いで。そこに「師匠、お帰りだよ」って、三平師匠が帰ってきた。天下のスターに硬直しちゃって。木久ちゃんが、「師匠、今度入ったウチの弟。可愛がってください」

「はぁーい、どーも。見習いで、お酒飲んじゃだーめ」

一遍に可愛がられちゃった。それで、楽屋に入ったら、「ビール飲んじゃだーめ」。覚えてるんだね。すっごく可愛がってくれた。

そのときに、木久ちゃんにいわれた言葉。

「あのとき、何で三平師匠のところに行ったの？」

「一番偉い人からオーラを貰う。噺家になる以上、噺家の偉い人のところに行って、覚えて貰って、その人のオーラを貰うんだよ」

凄い教えなんだな、あの人は。

「ボクもそうだよ。志ん朝兄さんとか、談志兄さんとか、可愛がって貰うために行ったりした。そうすれば顔を覚えてくれるし、わざわざ来た人には、邪魔な扱いはしないと思うよ」

そういう教えなんだよ、あの人は。凄いよ。オーラを貰う。目の前に顔を出して、覚えて貰う。目の前に居れば、目の前に座ってお辞儀をすれば、それは覚えますよ。そういう教えを木久ちゃんはやってくれた。アタシは恵まれているんですよ。そういう兄弟子や師匠に、いつも可愛がって貰う。いまだにどうしてアタシを三平師匠の所に連れて行ってくれたのか分からない。弟弟子は一杯いるじゃないですか。アタシだけ連れて行ったもんね。三平師匠とはそれから親しくさせて貰って、ふたりっきりで過すこともあった。三平師匠がちょうどその後、池袋演芸場に行くんですよ。三平師匠の高座を上野鈴本で聞いていたんですよ。超満員で二十分、汗がびっしょびしょ。どっかんどっかん受けた。それで、アタシが先に池袋演芸場に行った。

「三平師匠、お疲れさまです」

「どおぅもどおぅも」っていって、三平師匠の高座を聞いていた。客はがらがら。二十分、同じネタで汗びっしょり。これね、藝人としてできないですよ。みんな客が少ないと手を抜くんですよ。見てて、この人どういう人なんだ、自分に厳しい人なんだ。「お客さんがいようがいまいが、たっぷりやるのが藝人だ」っていう、お手本を見せてくれた。「この人は素晴らしい」とびっくりしましたね。ふたりっきりになったときに訊いたんですよ。

「師匠、ちょっとお聞きしたいことがあるんですけど」

「何っ?」

「あの、師匠はよくわれわれみたいな前座でも、のぶおさんってさん付けじゃないですか。自分の弟子は呼び捨て、アタシたちにものぶおっていってくださいよ。師匠にそういわれたら嬉しいですから」

「だぁめっ、だぁめっ。自分の弟子はいいけど、よそ様のお弟子さんはそういうことをいっちゃいけない。いつかわれわれは、今は上のほうにいるかもしれないけど、必ず後輩に抜かれることが当たり前。わたしは以前、国際劇場にゲストで行ったんですよ」と話してくれた。

三平師匠は当時、もう超売れっ子だから、歌と歌の間に入って受けますよ。どっかーん。そのとき楽屋に挨拶に、少年みたいな子が来たんですって。

「わたし、……と申します」って。「新人でございます。これからもご贔屓(ひいき)に、よろしくお願いします」。そのとき、「……君、頑張って」って、いったんですよ。「……君」って。その子がすぐに売れちゃった。名前を橋幸夫っていう。そのときに、なぜ、「橋さん」っていわなかったのか、三平師匠はいまだに後悔しているんだって。そういうことなんですって。

「へぇっ。はあ、そうなんですか」「今度会ったとき、君とはいえないでしょ」。だから、最初に会ったときに、「さん」といわなかったことを後悔したんですよ。三平師匠というのは、そういうことを考える人なんですよ。

三平師匠のもっとすごいエピソードがあるんですよ。

東宝名人会で、日比谷だから、みんなモダンな格好しているけど、藝人だって雨が降ったら長靴を履(は)くでしょ。偉い師匠が長靴履いて、東宝名人会の楽屋に来ました。長靴を脱いで、それでお茶を飲みながら自分の出番があって、喋って降りてくる。

「帰るよ」

「お疲れ様でした」

ぱっと見たら、自分の長靴がないんですって。

「アタシの長靴、どこだい？」

「師匠、それです」

「こんな綺麗な長靴じゃないよ」

「ええ、彼が綺麗に洗っていました」

「えっ、こんなに見事に洗っちゃうのか。あれは誰だい？」

「正蔵師匠（七代目）の息子さんで、三平っていいます」

そのときから違っていたんですね。これアタシの好きなエピソード。三平師匠、そんなに凄かったんだって。見てないときにいいことをする。

アタシ、いつも見習いに、「いいかい。トイレは綺麗にしておく。飲み屋でも、居酒屋でも、トイレが綺麗なところは良い店だろ。両国寄席は、お客さんと藝人が同じトイレを使うから、綺麗にしておかなきゃ。いいかい、『自分が綺麗にしました』っていっちゃあ駄目だよ。いいかい、知らん顔しているんだ。お客さんが『綺麗なトイレだな』とか、仲間の人たちが『綺麗だね』っていっても『ボクがやりました』っていっちゃあ駄目だよ。黙って腹の中で、『やったぁ』。それでいいんだから。自分がやったのを自慢しちゃあ駄目。そんなことは下の下。駄目だよ。こびりついたウンコなんか、爪で剝がしゃいいんだよ。オレだって、そうやったよ。それで流せば綺麗になる。手なんか洗えばいいんだから。そんなことができなかったら、前座なんかやっちゃあ駄目」。そういう教えかた、アタシは。見習い、入ってきた前座さん、ウチの弟子にいきなりいう。

新宿の末廣、トリが林家正蔵師匠。今でも覚えていますが、三平師匠はいつも背広にネクタイ。正蔵師匠もそう。正座しているんです。脚を崩さないんですよ。三平師匠は自分が終った後、三人出て、あとヒザが出て、トリが林家正蔵。一時間半くらいずっと正座していて、「師匠、お送りさせてください」って、正蔵師匠を自分のベンツの奥に座らせて、自分が助手席に座って、師匠と世間話をしながら稲荷町の師匠の自宅に送る。それを毎日。紳士の塊ですよ。ずーっと窮屈ですよね、紺の背広にネクタイですよ。それでアタシと喋ると、「そうね、そうねっ」と、穏やかな喋り方で、自慢話もひとつもなく。あんなに受けて、どっかんどっかん受けた人とは思えない。高座を降りたら普通の人間、そういう教えを受けたから、アタシ。自分が偉いんだと思う人が多いじゃないですか。そのかけらもないんですよ。だから、アタシ、『好楽日和。』(晶文社刊)に書いたんだけど、「圓楽、談志、志ん朝が束になっても勝てない人がいます。それは根岸の三平師匠です」。もう活字に書いちゃったもん。みんな納得すると思う。「三平兄さんには勝てない」って。哲学者だから。自分に厳しいんだもの。いい加減なところがない。

目の前で見せて貰える、そういう運の強い男ですよ。そうしたくっても、他にも前座は一杯いるんだから。二人っきりになるなんてことはないんだから。何でか、アタシは二人っきりになることが多かったですね。運命なんですよ。アタシは凄い恵まれてましたね。あの落語のまったくできない人が、四苦八苦して、あの藝に辿り着いたわけでしょ。陰ではろくなことといわなかったですよ。

「七代目正蔵の倅、三平はしょうがないね。あんな立ちあがって」って、いっていましたから。アタシたちが入る前はね。アタシたちのときにはもう天下を取ってましたからね。そのとき、「三平、三平」っていっていたのが、「三ちゃん」「三平君」。さんと君になりましたよ。幹部の偉い人ですよ。三平師匠が勝ったんですよね。だから談志師匠は三平師匠の訃報を聞いたときに高座で、全部、三平師匠の語り口で喋った。よっぽど好きだったんだね。あれは感動しましたね、ええ。

だから肝臓がんになって、五十四歳の若さで亡くなるんですよ。アタシなんか、七十七歳になって、申し訳ありません。失礼しました。あっはっはっは。謝りたいですよ。海老名家の三平師匠のお墓には行くんですよ。五代目の圓楽のお墓と同じ町内のお墓だから、「すいませんっ」って。三平師匠は滅茶苦茶に自分を磨いているんですよ。自分自身を甘やかさないんですよね。

小朝君が王楽をまだ入ったばかりの頃、アタシの息子だから使ってくれるじゃないですか。小朝君がトリ取って、高座から降りてきて「お疲れさまでした」っていうと、着るシャツ、ズボン、靴下をいつでも履けるようにしてあった。

「これ誰がやったの?」

「王楽君」

「偉いねえ」って、褒められたっていうんだけど。そうやってね、向こうが喜ぶことをちゃんと心得てやれば、世の中ふわっと輪が出来て、楽しくなるじゃないですか。その話を小朝君から聞いた。王楽には何もいわない。「褒めてたよ」とか、そんなことは一切いわない。それをいっちゃったら駄目だよ。そういうのでいいんですよ。

人間を磨かないと人間を。人の悪口をいってるだけだったり、威張っていたら駄目ですよ。そういう人が一杯いたから、逆にお手本になっちゃった。どんなに素晴らしいスターでも、「あそこがいけないいな」と思ったら、アタシはすごいついてるんですよ。名人上手、スターの前で、後ろで聞いていたから。アタシは改めますよ。文楽、志ん生、圓生、正蔵、小さん、錚々（そうそう）たるメンバー、今輔、柳朝、円歌、三平、圓楽、圓鏡、志ん朝。アタシは毎日、お茶出したり、着物を畳んでたんですよ。凄いこんな財産ないですね。「この師匠いいけど、ここはちょっと」というのも今のアタシの財産ですね。弟子たちに教える。「あの師匠はこうやったから、そういうのは絶対に駄目だと思う。だからお前、絶対こんなことやっちゃあ駄目だよ」。悪いところを真似するんですよ、弟子は。自分の師匠の悪いとこを自然にね。尊敬しすぎちゃっているから。

4　初めての稽古

最初の正蔵師匠の稽古は、鳳楽さんとアタシと圓橘さん三人が仲がいいと師匠が知ったんで、当時の楽松、九蔵、朝治の時代で、同期三人がずっと稽古を付けて貰った。そのときアタシは師匠の弟子だから端のほうで、鳳楽兄さん、圓橘さんはお客だし、アタシは、後ろで聞いていました。それでも師匠の噺を、「覚えていいから、どんどんやりなさい」って。破門を食らって、泣いて謝ったときに、誰かが師匠に「火事息子」を教わりに来たんですよ。アタシ、台所のこちら側で聞いてね、「火事息子」の息子になっちゃった気分でボロボロ泣いたんですよ。そしたら師匠のおかみさんが、「身につまされているね、お前」。道楽息子が親に勘当を受けて戻ってきたっていう感じ、あれには参りましたね。不覚にも、涙がぽろぽろ出て、確かに身につまされてた。

この業界に居られるのも、師匠のおかげですもんね。本当に破門だったら、いないわけでしょ。今こうやって寄席を建てた。いろんなお弟子さんが来る。こうやってやろうというような気持ちも一切ないしね。ずっと自然体。そんなに急がなくてもね、自分は自分ですから。

この人はこんなに得意なのに、なんで捨てちゃうのかなって、それがすごいアタシにいわせればかっこいいんですよ。自分が十八番じゃないけど、柳好じゃないけど、「野ざらし」「野ざらし」っていわれて、やりたくない日もあるんだけど、しょうがなくやった。それを捨てちゃって、違う噺に挑(いど)むっていう人を見ると、「あっ、これは格好いいな」って思う。いいじゃないですか。そういうのって。潔(いさぎよ)くって。いつまでもそういうものに頼っているんじゃなくて、自分に戒(いまし)めてやっている人、いるじゃないですか。この一席で、生涯喰えるというネタでも、捨てちゃう人がいると、かっこいいなと思います。それで人がやらない、つまらない噺を面白くしちゃう人がいたら、それは見事だなと思って。えーっ、凄(すご)い、凄い、凄いっ。それは後輩でも感心することありますね。うちの弟子でも、「お前、何であんなサゲやったの。へぇーっ、そういうオチなのか。そりゃいいね。そりゃ、確かにいいや」とか。そうやって認めちゃう。いいものはいい。絶対、絶対。自分の弟子じゃなくても、後輩にも、「今のは良かったね」って。「日本の話芸」なんか見ていて、「この子、凄いな」と、上方でも、江戸でも。

上方の人に電話して、「こないだ、聞かせて貰ったけど、凄い良かったですね」。

「えっ、師匠、聞いてくださったんですか」

「今度ね、うちに寄席があるから、お呼びしたいんだけど」

「ありがとうございます」

喜んで手紙が来て、「自分の息子が川崎におりますので、泊るところはありますので、ご心配なく」って。交通費や宿泊費を心配しなくて良いっていわれると、かえって気になっちゃう。「師匠と二人で二人会をやらせてください」って。近々ね、やろうと思うの。江戸の人に、そうしたいい噺を聞かせてあげたい。うちの王楽に、「あの子の電話番号教えて」って、聞いてすぐに電話するの。いいものはいいんだからね。芸協の若い子と、ここで二人会をやって、満員にして評判が良かった。「先輩が、後輩に声を掛けられるのが、一番嬉しいんだよ」っていった。

「いいんですか、それ?」

「いいんだよ」

呼ばれるような先輩になりたいんだ、オレは。「あの人は来なくていいよ」というような師匠じゃ厭だ。寄席を作ったのは正解だった。高座に上がった人はみんな、「やりやすい」っていうんですよ、マイクがなくて。弟子も人を集めて会をよくやっていますよ。場所もね、十年探して、やっと見つけたところだからね。

落語の本での勉強はないですね。困ったときに、見るのは落語の全集で、それ以外はなかった。正蔵師匠の後日談は好きでしたね。「教わった時は誰に教わって、今あの人がやっているけど、本当はサゲはこっちのほうが正しい」とか。自分の身にもなるしね。「ああ、こういう演出がいいのか」とか。林家の人柄も出ますしね。あれは大好きでしたね。正蔵師匠は、日記も書いていましたし、マメっていうかね。東京作家クラブに入っていた。作家の人たちと、年中お付き合いがあった。正蔵会が本牧亭であるとき、宛名を弟子が書くじゃないですか。三百通必ず出すんですよ。三分の一は作家でしたね。平岩弓枝、村上元三、池波正太郎……。親交のある自分が関わっている人たち、……長谷川伸先生が好きだったんですね。そのお弟子さんとか親しくしていた。新作も結構貰ってやってましたね。清水一朗さんって一般の人なんだけど、その人が書いた「鬼の涙」。ＴＢＳの専属のときに新作で発表したことがあります。圓窓さんもやったかな。「若い人が作ったものだからいらない」とはいわない。「これはちょっと、やりましょうかね」

「師匠、やってくれるんですか。お願いします」

それでＴＢＳで発表して、名人会で出した。律義で、いいものはいい。素人のものでも、いいものはいい。そのときの稽古の様子は見てない。見せない。一切、見せない。だから、アタシも見せない。

うちの王楽がいうんだ。「うちの父親の稽古、見たことない」って。「お前らが寝ているときにやっているんだ」。あっはっはっは。

「あたし、トイレ行くと師匠、いつも寝ていますよ」

「うるせえっ。余計なこといううんじゃねえ」

あっはっはっは。稽古はそれぞれで違う。ウチの王楽はチラシの裏に克明に書いて、ね。よくあんなことやるねえ、親子とは思えないね。

志ん生師匠は日暮里だから、高台に上がって、下に山手線、京浜東北線、いろんな線が通っているところで稽古したっていうんですよ。あのときに生れたんじゃないですか、志ん生師匠の大きな声で「えーっ、どうもっ」っていうのは。大きな声で電車にいわなけりゃ、聞こえない。あの調子は、そこで生れたんですよ。

5　いないほうが絶対に楽なのが弟子

《人柄の三遊亭好楽師匠も弟子を取り、好太郎師匠が最初に弟子入りしたときには、厳しい師匠だったという。今その話を聞いて、他のお弟子さんはみんな疑って聞いている。それほど好楽一門は和気藹々で、ほかの一門からは羨ましがられている。それも好楽師匠の人柄だ。》
こっちもね、教える立場なんて考えたこともなかったからね。好太郎はアタシが星企画に入っていたから、仕事に行くときには必ず前座さんが一緒に行くでしょ。社長から電話があって、「今度入った好太郎君、使っていい？」といわれた。

「待ってくださいよ。好太郎、入ったばっかりで、何やらせるの？」

「これから旅だよ。前座さんがいないから。着物を畳んだり、太鼓叩いたり、お茶だしたりする人がいないから、好太郎君、貸してくれ」

「いいですけど、誰の会ですか？」

「志ん朝師匠と小さん師匠の会」

「やめてくれよ。オレが行くよ、オレが」って、そういうふうにいったの。

「あなたじゃ駄目ですよ。お弟子さん」

「いいの？」

「好太郎君だったら、大丈夫」と、向こうがいうから。行ったら、好太郎は志ん朝師に可愛がられて、「お前、好楽の弟子か。いいな、お前」と、褒められたというから、それは師匠として物凄く嬉しかった。しくじるよりも、褒められたらね、親としては。そうやって色々な人のところで可愛がられて、いいことですよ。厳しい師匠でしたよ。好太郎は初めての弟子でしたからね。好太郎はまだアタシが怖いって、いまだに。こんな温和しいおじさんを。好太郎は、アタシにはいわないよ。弟弟子たちに、「うちの師匠は怒ると、怖いよ」「そう、そんなに」。後輩たちは「師匠が怒ったことは見たことない」。

「オレなんか、最初の弟子だったから、厳しかったんだよ」

厳しかったですよ。機嫌が悪いからって怒るんじゃないよ。「お前、アレはまずいよ」「あれは、こうしちゃ駄目」とか。「こういうふうにしないとよくないよ」とか。一番厳しかったんじゃない。最初の弟子、好太郎には。

怒るというのは向こうだって厭でしょ。怒るほうが後味悪い。そのひとの気持ちが分かると、「あっ、親切にアタシのことといってくれたんだな」と、そのことに気付くまでは時間がかからなかった。最初は人前で怒られるのは厭で厭で。「この人、アタシのことを思って怒っているんだ」というのが分かると、すぐに「すみませんでした」と、謝りに行く。その人はオレが分かったなという顔をすると、「おいっ、お前、今日あいているのか?」「はいっ」「あそこの鰻屋に行くか?」「鰻ですか。世の中に鰻というのがあるのは、知っていますが」って、それじゃあ、落語だよ。

《ある時、好楽師匠、好太郎師匠、わたしの三人で蕎麦屋に入った。そのとき、テーブル席でわたしの隣に好太郎師匠が座ると思ったら、好楽師匠の隣に座った。後で好太郎師匠にそのことを訊いたら、わたしがお客さんで「常にお客さんのことを考えなさい」という師匠の教えなのだという。そうした座る位置ひとつでも、好楽師匠のお客さんに対する考えがある。》

好太郎のときは厳しかったが、兼好からは柔らかくなったもんね。だって兼好は七、八年くらいたってから来た子だからね。兼好はもう大人で、二十八歳で何でも出来る子だったから。好の助は藝人の子だしね。そういう面ではうまくつないでいきましたね。

楽屋でいう言葉で、「お前、あいつ誰の弟子だ?」というのがある。不可解なことをやっている子がいるじゃない。その子が背中を向けたら、「おいおい、今トイレの前に立っている奴の師匠は誰だい?」

「……師匠です」

「師匠も師匠なら、弟子も弟子だな」って、いわれるんですよ。すべてアタシは前座の時から見てきたから。うちの弟子がそういわれたら厭だもん。好太郎が志ん朝師に褒(ほ)められたっていわれて、「ああ良かった」と思った。やっぱり使って貰う身で、いい子で使って貰わなくちゃ、師匠として恥ずかしいじゃない。兼好がまだ最初のとき、イイノホールに行ったら、怖い鈴々舎馬風がいたんだって。ぶすっとしていて、挨拶しようと行った。

「初めまして」

「何だいっ?」

「きょう、好二郎という名前で一席上がらせていただきます」

「誰の弟子だいっ?」

「好楽の弟子です」

「好楽っ。そうかい。頑張れよ」って。「全然違うんですよ、師匠」。師匠の名前を出したら全然態度が変わったんだって。馬風兄さんはオレのことを可愛がってくれたからね。そういうのが多いですね。王楽が落語協会の幹部のところに稽古に行くじゃない。すると、終わってから、「王楽、ここはこうするんだぞ。みんなこうやっているけど、そのやり方は違う。ここはこういう風にやる。いいかいっ。あまり細かいこといわないで、言葉だけ巧みにやって。そこんところは大きな声で、後は普通に淡々とやるんだよ。分かったか」「はいっ。ありがとうございました」

「好楽兄さんによろしくいってください」。みんな、そういうんだって。「若いとき、毎晩、ご馳走になっちゃって」って。だらしがねえんだよ。教えている人が顔を崩すんだって。はははっははっ。毎晩、みんな連れて行って飲んでたからね。だからお金はゼロですよ。どうしてうちのかあちゃんが、こうして寄席を建てるカネを持っていたかってね。

好太郎を弟子にとるとき、先輩が皆いった。「お前、かみさんと喧嘩するよ」。意味がわかんなかった。そりゃそうですよ。かみさんの弟子じゃないんだから。おとうさんの弟子なんだから。それを自分が色々と教えなきゃならない。初めてきた子は、失敗が目立つじゃない。「駄目じゃないの、アンタ」っていわなきゃならないのは、おかみさんでしょ。そんなのやりたくないでしょ。自分の弟子じゃないんだから。だから、弟子が帰ると揉めるって。

「他人の子供を預かるとそうだよ。みんなやってきたんだよ」

そりゃそうです。アタシなんか正蔵師匠とおかみさん、絶対喧嘩してたと思いますよ。「こんな子、辞めさせなさいよ」って。あっはっはっは。絶対そうだと思います。いないほうが絶対楽だもんね。いないほうが絶対楽なのが、弟子だもん。来る子を育てるのが役目だと、偉い先輩たちは思っている。来たものはちゃんと育てて、教育するんだ。それがみんないい子になって出世したり、有名になったり、名人になったりする。お互いさまの繰り返しですよ。一門によっては師匠のご飯、おかみさんのご飯、弟子のご飯と分けるうちがあるっていうけど、うちなんかはうちのかみさんもアタシも分けたことない。みんな同じものを食べる。ここにどかっときたら、みんなで分け合う。みんな同じ物を食べる。そしたら「あれ美味しかったですね」。「食べてないよ」っていう人はいないじゃない。「兄さん、あれ最高でしたね」って、弟弟子がいう。アタシたちが聞いて「あれ美味しかったよ、かあさん」ってなるじゃない。みんなで同じ物を食べなきゃいけない。いろんな物を頼んだら、みんなで回して。

皆、アタシに報告するからね。「こないだここに行って来ました」「……師匠にお世話になりました」って。「アタシが、お礼をいっとくよ」。「あの師匠は何もいってこない」っていうのはみっともないからね。好楽一門はみんな師匠に伝えるんだなって。いいことは真似して、悪いことは絶対やる必要はないんだから。ところが、悪いことは真似するんだよ。弟子っていうのは悪い方を真似するんだよ。だけどそれはいけないんだ。アタシは徹底して「駄目だよ」って、それをやってきたから。

「噺で一番肝腎なところが、ぶすってなっちゃうとそれじゃあ伝わってないんだよ。落語には肝腎なところがあるんだよ。それが伝わんないとやった意味がないし、オチにつながんないよ」。それはいいますよね。それを自分で気がついて、ぱっと直したら。「おっ、お前、勉強しているね」ってなる。あんな癖があったのに、それをお前は取っちゃった。「偉いね」って、そういえるようなことを当人が見つけなきゃ。「オレはこのままでいいや」っていうと、絶対に進歩しないでしょ。進歩っていうのはそういうもので、人間も磨かれなきゃ。家庭で揉め事があった、お父さんが亡くなった、お墓はどこにしようか、分骨にするか、お悔やみがきたからみんなでご挨拶に行こうか、手紙だして何か付けるか、そんな人生があるじゃないですか。落語にはまったく関係ないそういうことをこなした上で、人間を形成するんじゃないですか。当たり前の常識的なことができないようじゃ、落語なんてやったってうまくならないですよ。偉そうなことといったってね。近所の人に挨拶に行って、もらい物は近所にみんな配るし、たまに自分で買ったりするけど、近所の人はにこにこ笑いながら挨拶してくれるし、親切だし。

弟子が打上げでパーパーいっているのを聞くのが楽しいね。みんなが「師匠のところの打ち上げは面白いんですよね」「あんな楽しくやっていますもんね」って。そういうでしょ。「アタシ喋っていませんよ」みんな、「えっ?」と。「あの輪のなかで、師匠喋っていませんか?」「弟子が喋っているのを聞いているだけだよ」って。それがアタシは嬉しいんだから。「下らないことといってんなあ、お前ら」っていうことを、聞きながら飲むのが楽しいんだから。ははは。自分でたまには、アタシも調子にのって、べらべら喋ることもあるけど、ほとんど弟子が喋っているのを聞いていて笑ってる。「馬鹿だねお前ら。下らねえな」って。

娘たちから、「たまにはお父さん、お母さん、贅沢しなさいよ。私たちがお金だすから。フランス料理を食べにでも行きなさいよ」っていうから、うちのかあちゃんが、「厭だよそんな、ふたりでなんか。そんなおいしくともなんともないよ。お弟子さんと居酒屋で、十万円使ったほうがよっぽど楽しいわよ」って。アタシもその口だから、「そうだな」って。「男はつらいよ」の寅さんが二階でばかなことというのをおいちゃんが「馬鹿だねっ」という、あれと同じですよ。愛情を込めた、「馬鹿だねっ」。あれでなくっちゃ、駄目ですよ。

　弟子への伝え方については、噺については、「昔、名人上手はこうだったんだよ」という。「ああ、師匠、ぼくの噺のことをいっているんだな、遠回しで」「どんな噺がよかったんですか」と他の師匠にいうじゃない。そのときに、その子に会ってさ、「昔ね、何とかっていう偏屈な人がいたんだよ。その人はそれだけうまかった」

「何という噺ですか」

　自分のやった噺と伝わるじゃないですか。「それは難しいんだよ。考え違いする人は、…するけどね。ここんとこは盛り上げて、あそこは知らん顔するという演出をしていた。それは見事だったよ」と話す。

「師匠、ボクの話を聞いたんだな」って分かる。そういう伝え方なんですよ、いつも。自分がいっちゃ駄目なんですよ。考えてみりゃこっちは聞いてもいないんだから。人が褒めてくれたことが嬉しいから、弟子のことを。その子に伝えるのは、そういう伝え方をするんですよ。王楽にも、噺家になって、一度も、ああだこうだとはいったことはない。ただ、飲みながら、「何とかって噺はね、気難しい師匠だったけど、それだけうまかったんだよ」と。「こういう演出」

王楽、自分でやっているから。

「えっ、そんな演出ですか」

「そしたらお客がああっと。斬新な演出じゃなくて、それが素直な演出だったんだよ」と、そういう話をする。「ああっ」と王楽は参考にするんですよ。

「ああっそうか。ただやればいいってもんじゃないんだ。昔の人はそういう演出をしたんですか」

「その人が演出したのは見事だったよ」

「へぇっ」

参考にすればいい。それはお前さんがこの間、話した噺は、こうだよというアタシの伝え方なんです。だからこうしろというのではなく、自分で反省して、「親父がいっていたのはこれだったんだな」。また噺を大きく膨らませて、自分のものにすればいいじゃないですか。そういう教え方なんです、アタシは。

ある落語評論家の人がアタシの弟子に「キミ、この噺をやったほうがいい」といった。調べたら、つまらない噺なんだ。誰もやったことない噺なんだ。

「あれ、やんないほうがいいよ」

「えっ、やんなくていいんですか」

「調べたら、面白くなかった。あれはつまんないから、やらなくなっちゃったんだ。それをお前にやらせるというのは、もし、お前がやったら、『あれは、オレがやったほうがいいんだよっていったんだ』って」

それだけを自慢したい人っていうのがいるんですよ。あの噺は来るお客さんが向いているから「やれっ」って、やっちゃうじゃないですか。つまんないから、「よく兄さん、あんな噺をしますね」ってなる。苦労した割には、たいした効果がなかったというのがあるんですよ。そういうお客さんが一杯いるの。落語に詳しい人、「あの噺、最近聞いてないけど、やってみる？」というような、余計なことをいう人がいるんですよ。

「師匠、そういうふうにいわれたんですけど」と、アタシに相談に来たから、「やらないほうがいいよ。あれ、つまんねえから」

「じゃあ、どういえばいいんですか」っていうから、「ぼくじゃあまだ覚えきれませんって、断っときゃいいよ」

「ああそうですか。あたしも、やりたくないのにやらされるのは、厭だなって思っていました」

「そうだろ。やらなくていいよ」と、そういうことはいわせてますね。いるんですよ、「これはあなたに向いていますよ」って。みんなその気になっちゃうんですよ。

「オレの噺、知ってんだ、この人は。オレの噺が好きなんだ」って思って、一生懸命覚えてやったけど、つまんなかった。ありますよ、そんな噺は。でも若いときは、それくらいの苦労をしてもいいですけどね。失敗もしたほうがいいんですよね。つまんない噺をやるのも、勉強ですもんね。全部受ける噺、かっこいい噺ばかりでなくね。それで残っていくんですから。

ある日突然、この人が何でこんなにうまくなっちゃうのかって。「あれ、どうしたこの人、すごいな。前座のときに一緒だったけど、覚えられなくて、いつも師匠に叱（しか）られてたな。何、どっか生活が変ったのかね。えっ、何かあったの、これ。じゃなきゃ、こんなに変わるわきゃあないよ」っていうくらい変わる人は一杯いる。人生のきっかけで。落語を覚えたきっかけで変わるなんて、ほとんどない。人生のきっかけですよ。自分の好きな人が亡くなったとか、自分の親が死んだとか、病院に入ったとか、火事で家をなくしたとか。大事件があった人はみんな大きく変わります。間違いなく。それに応えられるような人間が、成功していくんじゃないですか。世の中のことが分かって、思いやりが分かって、優しくなって、落語を素直にちゃんと受け止めて、こういう演出がいい、スケベな人はスケベな藝が出る、貧乏な人は貧乏な藝が出る、けちな人は、けちな藝が出る。何でも心得て、お客さんを喜ばせるような演出のほうがいいんじゃないですかね。アタシは常に、それしか考えていませんけど。若いときから変わらない。昔からこれをきっかけに変わったというのは、ひとつもないですね。子供のときからずっと同じです。変えようがないんですよ。人間の成長がないんですよ。はっはっはっは。自然体ですからね。

われわれは伝統藝だからね。自分さえよければいいというのは、絶対にやってはいけないことで、自分の何かいい部分を持っていってと、本当の気持ちの師匠じゃないといけないよね。昔、落語の稽古のときに、来た子に、落語のくすぐり、自分のつけたギャグを全部はずしてやった人がいる。

自分が考えたギャグを取られたくないんで。そういうセコい師匠もいたのよ。それを聞いて、笑っちゃったよ。「何でそんな狭い了見の人が、落語家になるんだよ」って。全部あげちゃいなさいよ。自分が考えたギャグなんて、いらないよ。あげちゃわなきゃ、駄目だよ。ギャグを抜いて教えたって人がいたんだって。そんなの駄目だよ、絶対。

弟子の好青年は、手紙に三遊亭好楽様って、ちゃんと日本語で漢字で書いてあった。裏を見ると、ヨハン・ニルソンって、自分の名前をカタカナで書いてあった。それで開けたら、「まことに恐縮ではございますが、唐突なお話で申し訳ありません」と、ちゃんと漢字で書いてあった。それをうちのかみさんに見せた。「すごいよ。全部漢字だ、おかあさん」

弟子に見せたら、「恐縮ってこういう字なんですか」って。「お前、スウェーデン人に負けんじゃねえ、バカ野郎っ」。あっはっはっは。

本当に、落語家になりたいっていう目付きだった。日本人とは目付きが違ってました。当り前だ。スウェーデン人だから。あっはっはっは。そういう意味じゃなくて、真剣な眼差しで見てた。「ああ、本当になりたいんだな」って。いろんな噺を聞いてるしね。

教えることの不安はない。それはなりたいっていう人の情熱のほうが勝っていれば、大丈夫です。全然大丈夫です。逆にいえば、オチケンに入っていたとか、そういう人がいいとは限らないじゃないですか。少し味を味わってきた人がいいっていうけど、そんなことはないですよ。純粋なほうが、かえっていい。何も知らないほうが教えやすいですよ。

どうして、アタシを選んだか？　当人はスウェーデンにいたときに、日本というものにすごく興味を持って、教わるのはスウェーデン語と英語しかないじゃない。日本語なんか教えてくんない。「どうしても行きたい」って来ちゃったわけでしょ。来て教わって、また戻ってきて、今度は中央大学に一年間、交換留学で行ったら、浴衣着てうろうろしている子がいるから、「君たち、何やってるの？」っていったら、「オチケンだよ」「オチケンって何ですか？」「落語研究会、落語をやるんだ」。

へえぇっ、見てて、面白そう。笑ってる。「ボクも入りたいな」

「お前も入るのか」

落語をやっているうちに、ものすごい興味がわいて、「こういう素人じゃなくて、本物をやっている人はどこにいるんですか？」って。「寄席だよ」。それで、最後にアタシを見つけたらしくて、「ああ、ぼくの師匠はこの人しかいない」って決めたって、当人はいってましたけどね。

好青年は小麦粉アレルギーで、だからイタリアンレストランは全滅ですよ。パスタ、ピザ、全部小麦粉。お菓子でも、小麦粉が入っていたら駄目でしょ。ビール駄目でしょ、蕎麦、うどん、駄目でしょ。蕎麦屋に行くと、卵丼、親子丼のこの二つしか食べられない。

ＮＨＫに一緒に行ったんですよ、目の前に蕎麦屋さんがある。収録が終ってほっとして一杯飲んで蕎麦を食べようと入ったら、

「あら、このうちタネ物ないんですか？」

「ええ、かつ丼とか天丼とかないんです」

「俺たちは天ぷら蕎麦で生ビール。……おしんこ、日本酒。おしんこと日本酒でいいかい？」

「結構です」

おしんこを摘まみながら、日本酒を飲んでいる外国人を見つけて、「いいカタチだねぇ」。

向こうも負けてないよ。

「どうだいっ？」

「オツですっ」

何がオツですだよ。もうネタだって、五十くらい持っているんじゃない。何が違うのか？自分で学んで上に行ったほうがいい。アタシは一切、いいません。自分で気が付いたほうがいい。何でもそうでしょ。おかしいのは、自分で分かってますから。それはあえていう必要は無い。そのうちに、今度聞いたら、直っていたから、それは自分で苦労したんだなって分かる。長い年月、働くんだから。一日二日で解決したら、駄目。そうしたら、凄いものを手にいれたことになるじゃないですか。財産が入ってきた。だから噺も大事にするし、うまく受けて喋っちゃうと自分に自信が付いちゃうんですよね。俗にいう天狗ですよね。それが一番落とし穴。今まで、全部それを見てきた。そういうもんじゃないですよ。ひとつの噺に魂が込められているんだから。滑稽噺、音曲噺、人情噺だろうが、それを大事に育てるのがひとりの落語家の仕事ですよ。

前座の時に、タテ前座のときに楽屋で筆を持って、ネタを書く仕事がある。好青年になる前のじゅうべえが筆を持っている姿が格好良くって、「お前、書道を習え」っていった。

「えっ、何ですか？」

「日本に書道ってあるんだ、いいカタチで書くんだ」

それで知り合いの書道の先生に、「うちの外国人教えて」と頼んだ。ときどき、メールを貰って、「好青年君、だんだん上手になって。見せまーす」って、本当に、上手になってるよ。もう三、四年通ってますね。月謝は全部アタシが払ってあげてるから。楽しみですよ。何か日本の文化に入り込むという作業は、落語だけじゃなくて、違うことを教えたいじゃない。アタシの手に負えないんだから。やっぱり書道の人が友達だから、彼女に「頼むよ」っていったら、「いいわよ」って、教えてくれる。いまだに通ってますよ。いいことですよ、文化を知るっていうことはね。

噺はこれを覚えたほうがいいとかいうことは一切いわない。びっくりするの、「へえっ、お前これやるの」って、「どうして、これやったの」「よく、こういうの覚えるね、君は」。逆に尊敬しちゃいますよ。あのクラスだと、「また同じ噺をやっているのか」というのが多いんですよ。一切無い。「また違う噺を覚えたの」って。まったく普通に溶け込んでますよ。自由にやって悩む。落語家は自分で悩むもんですから。師匠に訊いて、解決できればいいけど、そういうもんじゃないじゃないですか。とてつもない何かきっかけというのはあります。「お前、さっきこういったけど、本来こういわなければいけないんだよ」っていうのは、ありますけど、その人が聞いててくれただけで、財産になっちゃう。自分が自信を持っちゃうんですよ。そのひとつだけのことを直したら、自分は認められたっていうことだから、俄然頑張って自分のものにするんですよ。その繰り返しですよ、落語って。それで自分が得意だったものが、急にできなくなっちゃって、「前に受けたのに、どうして受けなくなったんだろう」って。それで、了見が変ってきたことがあるでしょ。自分の持っているニュアンスが変ってきたとか、それは年中。落語家は勉強のかたまりですね。

弟子はオレのこと大好きだっていうんだ。よその弟子がいうそうです。「わかるよ、お前のところの師匠は、皆に平等だもん」。アタシはいつも「組織の落語協会、芸術協会に弟子入りしたんじゃないんですよ」って、弟子にいってるんですよ。落語協会、立川流が師匠じゃないんだよ。自分の師匠がたまたま落語協会にいた、たまたま芸術協会にいた、たまたま圓楽一門会にいた、そんなもんなんだよ。組織に入門したんじゃないんだから、間違えるんじゃないよ。組織にいて落語協会会員が、芸術協会をバカにするって、それ自体がもう愚かな証拠じゃないですか。ひとりひとりがその師匠についていくわけでしょ。ほんと惚れていくわけだから、弟子入りする。たまたまその師匠が落語協会にいただけ、芸術協会にいただけ、だから分けるんじゃないよ。たぶん師匠がいっているんだろう。そういう子の行動が目に付くんですよ。「何だ、あの子は芸術協会をバカにしてるのか」って。「あいつの師匠は誰だ。ああっ、あの師匠がいったんだよ」って、アタシはすぐ解釈する。あの子の師匠がいったんだよ。当人は悪気はないんだよ。

弟子を破門したことはない。かみさんがいうんだよ。「この人が怒れるわけないじゃない。あなたたちよりも、もっとひどいことやったんだから。この人がいう立場じゃないわよ」って。あっはっはっは。前座の時に結婚したから、アタシの悪事をみんな知ってる。弟子に「破門」っていってない。いえないのよ。すぐに我が身を省みて、オレはもっとひどかったな。やっぱり、「お父さんお母さんが喜んでくれるかな」というのが基本ですね。うちの弟子はお父さん、お母さんが挨拶に来るし、一緒に飲んだりして。会津若松に住んでる兼好のお母さんとは、飲み友達だから。あっはっはっは。あっちに行くと、「おかあちゃん、飲もうね」って。

自分のやっていることを真似てもらいたいなという行為はしていますね。「こうやるんだよ」とか。別に見せびらかすんじゃなくて、それがアタシの自然な日常だから。弟子にいうときには、実際にあったときの話をするのが一番勉強になる。「あの師匠はこうだったよ」と。自分も噺家だし、その噺家の行為が「こうだったよ」という。「だからあれはやっちゃあいけないなと思った」と。そういうのはひとりひとりで旅に行くと必ずいう。うちはちゃんと平等に連れて行くから、この子だけというんじゃなくて。人間を磨くのに落語家は偏っちゃうんですよ。自分の師匠についていればいいと思っているから、世間を見ない。「世間を見ろ」といったら、屋根にあがったんだもん。それじゃあ、与太郎だ。あっはっはっは。

「あいつしょうがねえな」と、かみさんといっていた子が、一番よくなったりする。注意して、ものを書いて、こうやらなければいけない、こうしないといけない、七つか八つくらい箇条書きで。心配して旅に行ったときに、「お前、これ帰ってから読みな」と渡した。そうすると自分のやってきたことがあてはまるじゃないですか。「ぼくそんなことやってたんだ。師匠から見て、おかみさんから見て、こんなことやってたんだ」。それで気付いて、その子がすごい良い子になっちゃった。それはやっぱり、やってて良かったですね。「こいつ将来、駄目になっちゃうぞ」と、とても心配で。すごい良い子なのに、何でこんなことやるんだろう。ぶっきら棒でとか。そしたら、今一番いい子になっちゃった。完璧に変わりました。たったひとつのことで。心配だもん。世の中に出ていって、「使い物にならない」といわれたら、アタシの恥だもん。可愛がってもらわないといけないんだから。可愛いよね、弟子は。

王楽については、うちのかあちゃんが教育したんじゃないかな。「お父さん、こうだったから、あの人はちゃらんぽらんだったけど、師匠とおかみさんには尽くしたのよ」と。そういう教え方はしていたみたいね。アタシのいい部分を、悪い部分が多いから、少ないいいところを探して。あっはっはっは。王楽は師弟とか兄弟弟子とかではなく、まだ親子というほうが強いかな。やっぱり世に出てもらいたいからね。だからどこかに連れていって売り込むとかすると、そのせいでなったことが一番、重荷になるんですよ。「うちの王楽使ってください」といったことは一度もないです。何か手助けをすると、当人が自分が勝ち取ったものがなくなっちゃうから。今の段階で、こんなに熱心にやっているし、こんな噺をやるんだと思っているから、独演会を聞きに行っても、「きょう何やるの」って、楽しみですよ。大きな会場で、「何をやるのかな」と。ある程度、余裕も自信も出てきたのでしょう。ただ人情噺はあんなにいいのに、滑稽噺になると…表現方法が違うのかなとは思いますね。それがふっきれると意外といい形になる。それが今、さ迷っているかたちですね。アタシとはまったく性格が違いますからね。やっぱり滑稽噺が受けないと、落語家は大成しませんからね。人情噺はできた噺だから。

6 襲名のこと

師匠の圓楽がいうには、名前、襲名、それは後の人たちがちゃんと責任を持って継がせる。そういわれました。だから、六代目の圓楽がなくなって七代目を作るとき、楽太郎は家族と相談して、継がせました。そして圓生はね、これは残された者の役目ですよ。それは師匠がいっていましたね。師匠はいってましたアタシに、直接。「名前は止めちゃ駄目だよ」。六代目圓生が亡くなったとき、おかみさんと師匠たちが間に入って、五人集まってハンコ押したんだって。「この名を止めにします」って。それで、おかみさんは納得して死んでいった。あと残された四人が守れば、圓生は継げない。で、師匠の圓楽は、「鳳楽、お前は圓生を継ぎなさい」って。

「えっ、それボク継いじゃうんですか」

「当たり前だよ」

弟子が、「ハンコ押したものはどうするんですか?」って、師匠に訊いた。

「破いちゃえばいいんだよ」と、圓楽がいった。かっこいい。「証拠なんか破けばいい。あんなもの」

凄く尊敬しましたね。「そんなもの決めるほうがおかしいんだよ。一代目、二代目、三代目……、六代目で止まったらおかしいじゃない。歌舞伎なんて、十何代目じゃない。それを継がせないっていうのはおかしいよ。そんなべらぼうはない」って、師匠はいった。アタシは師匠のいう通りだと思う。だからアタシは六代目圓生で終わりではなく、七代目を作る。そういう風にいっているんですよ。当人たちが思っているだけなんですよ。自分の勝手なんだ。有名な名前を継ぐ時にはその名前を持っている人への謝礼も必要となる。それはもう覚悟していますよね。アタシも自分の貯金は必ず、そういうものに使おうと思っていますからね。当たり前ですよ。みんなそうやってきたんだし、向こうだって納得する。名前をあげちゃうんだから。つまり自分のうちの先祖をあげちゃうんでしょ。その先祖をあげちゃったら、何か持っていくものが、お菓子やケーキじゃなくて、何か、その人たちはもうお歳なんだからある程度、お使いになれるような金額。アタシはちゃんと用意していましたよ。誰が継いでも、アタシが継ぐからアタシがお金を払うのではなくて、誰かに継がせるために、納得させる役目がアタシだと思う。そのお金も、誰にも分かんないように持っていく。「オレがお金渡したから、お前継げ」って、そういうことはない。その人を傷つけるようなことはしない。「名前を継がしていただいて、ありがとうございます。お宅のお墓参り、先祖さまをこれで守らしてください」って、そういういい方をする。向こうだって、「えっ、そんなこといいよ」って、絶対にいう。それじゃあ、駄目なんだ。落語界は成り立たない。ご先祖様を守って、お墓を守って、我々はあとの七代目を継いだ人がお墓参りをして、法事をする。それが一番正しい伝達という意識ですね。それじゃなきゃ、噺家でも何でもねえんだもの。ただ噺家は笑い話をしているかもしれないけど、ちゃんときちんとしているんだよということを見せたいし、後輩たちに教えたいですね。アタシが全部まとめます。そのために、カアちゃんがお金を残してくれたんだ。「生きたお金使いなさい」って、ねっ。いいんだよ。全部かあちゃんの貯めたお金を使って、「では、みなさんお先です」って死んでいく。そう、本当に思ってるんだから。

好楽の名前についてはあとは、「勝手にジャンケンで決めんだよ」って、アタシは遺言する。そしたら弟子が「ジャンケンしても欲しくないです」って、みんなジャンケンに参加しなかったりして。「わたしは結構です」って。そんなもんですよ。好楽の名前を大きくして貰うことを考えないですよ。林家九蔵という大好きな名前から、違和感を感じていたけど、今、好楽で仕事をさせて貰って、これも師匠の圓楽に感謝してましてね、アタシに向いていた名前を師匠が見抜いて、付けたんだろうなと。

圓楽師匠とは名前についてのやりとりは何もないです。「名前、これだよ」って。名前を説明するとか、落語界にはそんなもの一切ない。説明する師匠もいるよ。「お前は愛楽、お前は愛知県から来たから愛楽」とかね。「北海道から来たから、道楽」とか、それはやっていますけど。その二人もそれでずっと来ていますからね。「ありがとうございます」って。そのために辞めるとはいえないもんね。

好楽の第一印象は違和感。林家九蔵というあの四文字が三遊亭好楽、はぁーっ。これが本音。えーっ、これかよ。長くいると愛着が出る。世の中に出て、好楽がちゃんと知られるようになって、まだ「笑点」にでても「好楽って誰？」っていわれていましたからね。それが今では好楽っていえば、アタシでしょ。どこ行っても「おっ」という。「こんなに有名になっちゃった、オレ」。あっはっはっはっはっ。

「笑点」のアタシの立ち位置は、「楽が好きだもんね、師匠」。

「えっ」

「好楽、楽が好きな師匠」

「うるせえっ」

それでみんなに認められちゃった。「この人は、楽が好きだ」

前座の子が変な名前を貰うじゃない。二ツ目になると絶対に変わるじゃない。「あれ、変わるのボク？」っていう。付いた名前に愛着が出てきちゃう。みんな「おいっ」て呼ばれるでしょ。その子の名前を呼ぶでしょ。

「はいっ」

「今度、ボクが出ていいんですか」って、愛着が出てくる。そうすると、惜しくなるんですよ。自分の名前が。「えっ、名前変わんの」

それをやっていって、自分が整理していって、「この名前を貰った以上は下手なことをしちゃあいけない」って、段階を経て、偉くなっていく。その説明を師匠はしないといけない。

好楽は初代じゃなくいた。いた、いた。アタシの後輩でいた。師匠の圓楽はこの名前、好きなんですよ。辞めたそいつが付けていたんだから。アタシ、そいつと一緒に仕事していたから。それで好楽ってやつはカネの癖が悪くて、結局、馘（クビ）になっちゃった。馘になるときに、アタシのうちで二カ月預かったんですよ。「何とかこいつを助けよう」「こいつをモノにしたい」と。師匠のお眼鏡にかなって弟子にした以上は、師匠のところに帰さないといけないと。一旦ウチで預かるからと預かっていた。預かっているときに、「お前は馘だよ」っていわれて、うちのかあちゃん怒っちゃって、「師匠、何を考えてんのよ。師匠のためを思ってわたし、この子を庇（かば）ったのに、それはないでしょ」って。師匠を怒鳴りつけているんだもの。師匠が電話で、しどろもどろになっているの。一門が全部集まって、「馘にするよ、こいつ」っていったときに、うちのかあちゃんにアタシが内緒で電話して「馘になる」と伝えた。

「師匠、うちのかあちゃん、とみ子」

「とみちゃん、はいっ。はいっ。いやあ、あのね。……いやあ、あのね」

「あのね」っていうときは、相手が怒っているときのつなぎ言葉。「あたしだよ、圓楽。あのね、…あのね」と、しどろもどろ。

「お金にだらしないのは、この商売、駄目なんだ」って、説明してやっと電話切って、それで連れて帰って、そいつが出ていくとき、かみさんも子供たちも別れの時に泣いちゃって。「気を付けなさいよ。元気でいてね」「何かあったら、おいでね」って。それしかなかった。二カ月いたから、うちはそんなことばっかりだった。そいつが前座のときに、好楽って名前だったの。そいつもいろんな名前を変えてましたよね。

カネのしくじりで駄目になった男が「ボクの名前を大事にしてね」って、オレの肩を叩きやがった。「ふざけんなこの野郎」って。それはおかしかった。笑っちゃった。「お前、何考えてるんだ」って。この業界は、名前を一回付けて駄目だったら、前の名前でしくじってやめたりしたら、縁起が悪いっていって、その名前は付けないっていうのがある。その好楽っていうのは、師匠がその名前をどうしても好きなんでしょうね。

「これ、お前付けなさい」

えっと思った。「あいつ、いたじゃないか」って。そんなことは断る理由じゃ無いから、「分かりました」って、それで好楽になった。好楽という名前に、違和感はありましたよ。一緒に仕事なんかしたりした弟弟子なんだもん。「なんだ、師匠」って。名前は大切です。名前は大変に大切。すべて名前ですよ。役者だって、ミュージシャンだって、名前じゃないですか。世に出る名前はかなりなものですよ。名前が先にいっちゃうか、体が先にいっちゃうとか色々とありますけど、それで最後にぴたっと合って、大金星になるとか、色々とある。

7　弟子の師匠への恩返し

弟子に名前を付けるときには、相当悩みましたね。

好太郎は、好太郎さんという名前がいたんですよ。桂好太郎さんって、枝太郎師匠の総領弟子が好太郎で、アタシの大先輩。上野桜木町に住んでいた。師匠の圓楽が、「この子を連れて、家族に会いに行きなさい」って、いわれて、「この名前を大きくしてくださいね」って、家族にいわれて好太郎が喜んで好太郎を継いで、今になっている。

一番苦労したのは兼好かな。まず最初は田舎の子だから、好作。二ツ目になって、好太郎の次だから、好二郎。そして真打ちになったときに、吉田兼好の「徒然草」を思いだして、そんな雰囲気のある子だから、お前は、「徒然草」の吉田兼好と同じで、兼好を貰うよって。

三番目がかっ好。マジシャンコンビのナポレオンズのボナ植木の息子だから、落語が好きで前座から修業しなさいって。二ツ目になったときに好の助になった。九蔵が駄目で、また好の助になったんだけど。今度は好一郎。これは好吉ね。これは前座の名前だから、真打ちのときには何か付けようと。ぴったりその人の風格が表れている。

とむは（春風亭）小朝に付けて貰って、錦笑亭満堂。

最初のこうもりは、森進一の歌の歌詞からとかいろいろと説があると、本人がいってたがそれは想像して考えなさいって。お前はいつもふらふらしていて、向こうに行ったり、こっちに行ったりとふらふらしているから、コウモリだと思ったんだけど、「おふくろさん」の歌詞のようにオレの傘になれよとか、あははは、いろんな含みを含んで、自分の好きなように考えなさいって。それで二ツ目になって、名前のとむにして、真打ちになったときに小朝君に頼んだら、あの名前（錦笑亭満堂）をいただいた。

鯛好より先にとむが真打ちになったんで、いい名前の真打ちにさせようと、今度のアタシの仕事はそれですね。もう決まっているんだけどね。

考えるのも楽しみです。寝ながらいつもぶつぶつ落語の稽古をして、「ああ、この噺やってないなあ、出るかな」、すらすら、「ああ、出るなあ」「やってみようかな」、そういう感じでしょ。名前だよなあ、スウェーデン人は十番目で、外国人っぽくない名前、日本に触れるんだから、噺家になった以上は、日本的な名前で、じゅうべえ。これも漢字でなくて、平仮名でじゅうべえ。そしたらアイツ、「ありがとうございます。お侍みたいですね」って。柳生十兵衛、知っているんだ。それで二ツ目になって、好青年に変えた。

みんな名前を変える。名前を変えて、その子の人生を広げてあげないといけない。やっぱり世間に評価されて貰いたいですね。

「いいですね、おたくのお弟子さんは」っていわれたら、師匠は一番嬉しい。

弟子からの恩返しは、いらないね。恩返しなんてとんでもない。気持ち悪い。あいつらから恩返しなんて。こないだも笑点メンバーがサプライズで、「師匠、ちょっとこちらへ来てください」って、呼ばれて行ったら、全員がすごい幕の前でケーキ持って、ハピバースデーって、「あっ、何。オレの誕生日の祝いっ？」。オレそんなの弱いんだ。自分が浮き彫りにされてね、お祝いされるの一番恥ずかしい。しょうがない、映像に映るから、喜ばなきゃね。「わー、悪いなあ」「ありがたいな」っていったけどね。おなかのなかでは「やめてよ、こんなこと」って。浮き彫りになって、ひとりが目立って、お祝いされるのは大の苦手ですね。

アタシが演出して、あの人喜ばせようというのは、大好きですよ。自分がそういうふうにやられるのは厭だね。自分でやってきたから、人にやられるのは嫌い。やだよっ。こっぱずかしいよ。

《三遊亭とむ改め錦笑亭満堂の真打ち披露興行が続いていた。最後は日本武道館でのお披露目だ。二〇二三年六月の目白の椿山荘での真打ちパーティでは六百人が祝った。師匠の好楽は、満堂の横でサービスして、会が終ったときには、出口で、ひとりひとりと一緒に撮影して長い列が続いた。好楽師匠も笑顔で相手をしていた。わたしは満堂に頼まれて、当日の引き出物のパンフレットに、お祝い原稿を書いた。最後に好楽師匠のことに触れた。

「**祝・真打昇進錦笑亭満堂襲名**」

思い出す光景がある。冬の札幌の夜だった。すすきのの裏通りのビルの二階にある、十人も入れば一杯になるような、小綺麗（こぎれい）な小料理屋さんだった。そこで、二ツ目だった三遊亭とむが落語会を行うという。どこが高座で、どこに座布団を置いて落語をやるのかと思ったら、カウンターのさらに、狭い仕切りの上に座布団を置いて、中腰になったら、もう天井に頭をぶつけるような、不安定な場所に座っての落語会だった。落語家の大切な資質のひとつに、場所を選ばないというのがある。

紹介した旭川の一軒のそば屋の落語会が、市内の小中学校での学生と父兄を相手の落語会へと広がっていった。それも自力での開拓だった。売れている落語家は、全国どこでも隅々（すみずみ）まで行ってお客さんを楽しませる。落語家の重要な資質に、全国のお客さんに可愛がってもらうということがある。

今年の元旦の一門の集まりに、すでに大晦日（おおみそか）から酔い続けていて、ぎりぎりの時間に登場した。忘れ物を取りに戻ってやっと間に合ったといつもの早口で、明るく、面白おかしく説明して、みんなから新年最初の笑いを取っていた。落語家は仲間でも、周囲にいる誰でもを明るくして、常に笑わせないといけない。落語家として大切な資質に、常に笑いについて頭のなかで何が面白いかを考えておかなければいけないということがある。前座の三遊亭こうもり時代から十分にその資質を備えていた。

人間の運命は分からない。何よりも、落語家になりたいと願ったときに、三遊亭好楽師匠という良い師匠に出会ったのも、運命だった。それもお笑いの世界から、落語の世界へと道を切り開いたのも、運命だった。自分で切り開くことと、それを受け入れることで、人生を良い方向に変えていく。真打ちに昇進、錦笑亭満堂としての新たなスタートとなる。落語家として忘れてはならない資質のひとつに、いい加減さというものがある。人間として大切なことをいったり、人生の重要なことを笑いに包んで教えてくれる落語を誰よりも考えているのが落語家だが、眉間に皺を寄せて話しても、お客さんは楽しんではくれない。いい加減が、良い加減になって、満堂の名前の通り、大きな会場を一杯にして、笑わせてくれることを信じている。（産経新聞社夕刊フジ記者　松垣透）

好楽師匠は当然、満堂の全国各地で行なわれる真打ち披露興行には、すべて師匠として付き合うことになる。「体がいくらあっても足りないでしょ？」とわたしが訊くと、「アタシたちはそれが仕事なんですから」と、好楽師匠は笑った。》

決して気を遣っているような大袈裟（おおげさ）なことではないんだけど、一応、色々と注意したり、教えたりしなけりゃいけない立場だからね。「今までこうやっていたよ」とか、「ああやっていたよ」とかを伝えること、それだけですよ、アタシのやることは。

《満堂が真打ち披露の最後を日本武道館で行う。そのことは、一番の師匠に対する恩返しかもしれない。》

それは凄いことだからね。本当に八千人集めそうな勢いだからね。チケットは手売りだっていう。ひとりずつそれを八千人にやれば売れますよね。自分が売るのだから。「あなたは、自分の会を自分で売るの。へーっ、珍しい」って、みんないうと思う。「それだったら付き合おうか」って。みんな同じようじゃ困る。みんな個性があるから。

伊勢でお練りがあった。満堂あいつは色々なことをやらせるんだ。あっはっはっはっ。何だと思ってるんだ、オレを。当人がやっていて、便乗してあげないと、厭がっていたら、「えっ、師匠、厭がってる」って、傷つくじゃない。「師匠に迷惑かけているんだな」と思っちゃうじゃない。両国の真打披露の十日間の楽屋の弁当も、満堂は、「何でもいいんだ、その辺にあるやつで」とピン藝人のときはそうだったんだ。アタシたちの仕事は、弁当絶対大事。「笑点」で行っても、どこ行っても、弁当は大事。だからうちの娘が高級な弁当を毎日二十五個、十日間だから二百五十個用意した。出演者がみんなお礼に来るの。

「お弁当、おいしかったなあ」

そういうのばっかしなの。弁当を褒(ほ)めるだけで、「あとは何だったんだよ」って、大笑いした。娘が疲れ果てて、声がでなくなっちゃった。みんなでもって盛り上げるのが、我々の仕事ですから。いいんですよね。そうすると一緒に手伝った後輩も、「オレのときにもこうやるんだ」って、勉強になるんですよ。披露目の勉強に。アタシなんか、監督だから。

「あの人に弁当あげた?」「渡してません」「持ってって」「いただけるんですか?」「これから宴会やるから、食べなくていいから、うち帰って食べればいいから。うちに帰って食べて」

「滅茶苦茶(めちゃくちゃ)美味しかった。初めて食べた」

そういう電話がかかってくるんです。食べ物って、一番印象に残るじゃない。うちの娘は常に考えて考えていて、アタシ感心したもの。

「こんな弁当あるの？」「探したの。銀座で売ってるの。有名な弁当二十五個買ってきたわよ」「凄いね」って。みんな協力したんだ。はっはっはっはっ。満堂、あいつ考え方変った。「弁当ってそんなに大切なんだ」って。「口のなかに入れりゃ何でもいい」って、思ってた。そうはいかない。ピン藝人で、そういうところを学んでなかった。

「そんなんじゃ、駄目っ。みんな来てくれた人はお礼が少ないんだから、せめて弁当は評判の美味しいものにしないと」と、満堂は娘にこっぴどくいわれてた。

真打ち披露の番頭で、お金の計算をする後輩が跡を継ぐ。

「勉強になりました。やりすぎかと思うくらいやっていました」

やりすぎということはない。やりすぎたって、もっとその上をいく人がいるんだから。やりすぎてもいいから、もっとその上をいこうという気持ちが大事。何もやらない人は何もやらない。普通、一日、五日、十日しかやらない人も。ウチは毎日だったからね。毎日おなかすかしていたら、絶対にいけないから。満堂は相変わらず元気で、マイスタイルでいいんじゃないですか。この後、大変だもの。武道館まで突っ走らないといけないから。当人が人生に苦労すれば、それなりに身に付くんだから。落語の苦労なんてたいしたことないんですよ。一生懸命勉強して、うまくなったところで、人間を磨かなきゃ、何にもならない。人間が強くなるか、そして前進していく気持ちでいるのか、そしてお客さまを大切にするのか。そういうものに長けていかないと。別に落語がうまくても、根性が悪かったら、どうしようもないでしょ。今から構えていちゃあ、駄目ですよ。勢いでいいんじゃないですか。真打ちなんて最初のポイントだもんね。最高位じゃないもんね。それからみんな、徐々に出世していくわけですから。真打ちは誰でもなれますから。

他のお客さんから見たら、どんな一門なんだろうと思う。仲良く、わいわい騒いで。アタシが秋田から伊勢に行ったらあいつ、もうべろべろだもん。師匠を迎え入れる姿じゃないよ。これからもっと大変なことがあるんだから、一門で苦労することより、ほかのことで苦労することが多いんだから。アタシよりもお客のほうが大事なんだから。こないだ、満堂の披露目で、コント赤信号の渡辺正行君が打上げで泣いてんですよ。そして満堂に、「ぼくがびっくりしたのは、とむが喋っているときに、最初から最後まで、師匠が脇でずーっと聞いていた。こんないい人いないよ、お前っ」って。たまたまアタシは、「今日は何の噺をするのかな」って聞いてたんですよ。毎日は聞いてないの、たまたま。それを見て、感動したみたい。あっはっはっは。それ見られちゃったの。

満堂は(春風亭)小朝が連れてきた。

「君に向いている人がいるよ。ぼくの兄さんなんだけど、兄さんのところに行ったほうがいいよ」って。それで満堂が来た。だから旅で、小朝と一緒になったとき、「今度、とむが真打ちになるんだよ」っていったら、「えっ。とむ君が、そうですか。何年やっているんですか?」

「ピン藝人十年で、落語家十三年」

「二十三年もやっているんですか。それじゃあ、そろそろ真打ちいいですね」と、そこで会話が終ったから、「じゃあ、名前を付けてな」と、小朝にいった。

「えっ、ボクが付けるんですか?」

「当たり前じゃねえか。そっちが付けるんだよ」

いいチャンスだなと。カレは、アタシの楽屋にだけは来るんです。アタシのこと好きだからね。昔話をして、正蔵師匠とおかみさんの話をして、「そんなことがあったんですか」って。「いいチャンスだから、この人に」と、旅先で、急な思いつきで、簡単な交渉。あっはっはっはっはっ。それで彼は一カ月半も考えて、考えて「やっと出来ました」って。

責任重大ですよ。自分の弟子に名前を付けるよりも、当人は責任重大だもん。プレッシャーだよ。謂(いわ)れもちゃんと書いてきました。これは中国から一番いい言葉を選んだ。大勢のお客さんを満足させて、自分も発展していく、最高に良い名前ですって。「ありがとう」とお礼をいった。

最初、錦笑亭満堂の名前を見たとき「何だこれっ。何だ、こりゃっ」。過去にない名前で、「あいつらしいな」と思った。当人も、「はっ、分かりました」って、気に入ってるわけだから。みんな驚いたと思う。三遊亭でも、桂でも、柳家でもない名前なんていいじゃないですか、斬新(ざんしん)で。やっぱり彼に頼んで良かったなと思いました。「えっ、ぼくが付けるんですか?」って、あのときの慌(あわ)てようはなかったよ。「あたり前だよ。そっちが絡んでるんだから」

満堂の入門の時、口上書にも書いたけど、浜町の地下鉄の入口で、にこにこ笑いながら来たの。

「末高斗夢と申します」

「分かっているよ。何だいっ」

「お弟子にして貰いたいんです」

断るという作業がどうしてもできなかった。何か、満堂に悪いんじゃないかと。彼の藝人という「得分(とくぶん)」があるんじゃないですか。だから伊勢でも、いろんな人が来ていた。伊勢全体が手伝っている。「こんなに来ちゃうの」って。彼の人徳ですよ。別に裏から回って「お願いします」って頭を下げている様子も見えないし。向こうが「やってあげるよ」っていう感じになっちゃうんだね。人力車四台ですよ。オレと満堂が乗って、好太郎と王楽が乗って、できたくんとらっ好が。写真ばっかりでしたよ。何百人と一緒に写真を撮った。

椿山荘での満堂の真打ち披露パーティーは、あれは疲れましたよ。最後に全部の人が写真撮るんだもん。雪駄(せった)って疲れるんですよ。普段、雪駄の人いないでしょ。アタシには料理も席もなくて、「みんなの席を回りなさい」だから。ひどいもんだ。あっはっはっはっは。みんなから「あんな楽しいパーティーならいつでもやって頂戴(ちょうだい)」って、みなさんお喜びになってくださった。今回七百人近いんだもん。やりがいのあるパーティーだったね。スタッフもみんなやりがいがあった。終って二次会、三次会をやって満足して。うちの娘も、みんなパーティーが好きなんだね。満堂が自分の弟みたいで。アタシがいい加減じゃなかったら、怒っただろうね。アタシがいい加減だから、許した。あっはっはっは。

8　あくまでも自然体

《好楽師匠は、常に自然体を強調する。どんなときでも自然体だという。実際には、自然体でいることが一番難しい。そのためにはどうすればいいのか。》

この頃、暑い中でも、一時間くらい歩くんですよ。町内のスナックのママにいうと、「何やっているの。死んじゃうからやめなさい」って、怒鳴(どな)られちゃった。日陰を歩いてる。あっはっはっはっ。「水持って歩いている?」ってみんな、アタシの体を心配してくれる。今日は墓参り。十三日がうちのかあちゃんの月命日だから、その日は必ず、空いていれば行って、その日が空いてなければ、前後に行って。そして月の末に必ず行くんです。「ああ、三十一日か、これで行かなかったら、何いわれるか分からない」って。あっはっはっは。

噺家も一杯、いろんな人がいるじゃないですか。売れている人も。でも全然、羨(うらや)ましいとは思わなかったですね。その人たちはそれでおしまいだったという人も多いしね。やっぱり死ぬまで喋れる商売、声が出なくなった、足が座れなくなった以外は、とりあえずは何歳でも出来る。同級生はみんなリタイアして「いいなお前は、いまだに仕事があんだから」って。好きな仕事をやっているんだから。こうやって、がむしゃらに生きていくんだというのはないですね。自分の大好きなところにいるから、こういうお仕事がくるのかなという感じですね。

若手にアドバイスはしない。うちの息子にさえ落語は注意したことがないくらいだから。自分で気がついたほうが倖せなんですよ。調子に乗って人にいわれると、意外に直さないというか、性格の問題でしょうけど、いろんなことを若い時分のほうがいったかな。例えばヨネスケが、「兄さん、オレ古典やりたいんだけど。古典のほうが良さそうかな」っていう。

「何をいってんの。古典だとか新作だとか、決まったもんじゃないんだよ、落語は。落語は人様の前で喋るんだから、古典も新作もねえんだよ。そんなこと気にしないでいい。新作でもっと受けるものを作ったら勝ちだよ」

そしたらアイツ考えなおして、「兄さんのおっしゃる通りでした。アタシは新作でいきます」。それで今、新作をずっとやっているじゃないですか。自分で作ったやつを。そういうアドバイスは向こうがいってきたらね。死んだ柳亭痴楽が自分の師匠を大好きで尊敬していて、お世話になってる事務員が、ワリを集めて配る事務員がいるんですよ、自分たちで配るわけにはいかないから、事務局がある。それがへいこらへいこらしていた。痴楽師匠がいつもお金をくれるから、内緒でぱっとくれるんですって。よいしょをしていた。痴楽師匠が具合が悪くなったら掌を返した。それをたまんなく頭にきたんでしょうね、弟子は。「あの野郎、うちの親爺が倒れたら、掌を返しやがって。兄さん、オレ、アイツを殴ってぼこぼこにしてやる」

周りの人は何ていったか、「おっ、やれやれ」。

「ちい坊、お前の手が腐るよ。そんなことしたってね、自分がやったことに対して、ちょっとやりすぎたかなという位で、面白くないよ。無視だよ、無視。自分が嫌いなやつだったら、無視すりゃいいんだから。もうちょっと違う方向を見たほうがいいよ」って、アタシはいった。「兄さん、やらなくて良かった。よく考えてみたら、そうだよ」。楽屋雀は「やれやれ」というけど、何の価値もないもの。そういうことは後輩たちにはいったことはあるね。

　落語に浸るというよりも、人間に浸っちゃっていたからね。その人たちの藝談が面白いじゃないですか。酔っ払うと本音が出るでしょ。「今仕事があるけど、昔は売れなくてよ」とか。本音で喋ってくれる。凄い参考になるんですよ。「最初は師匠の物真似っていわれたんだよ」「尊敬するから、最初は師匠の物真似になっちゃうんだよ。そっから脱皮するんだよ」

　ああ、なるほど。そうかあ、みんな師匠が好きだから、師匠の口調になっちゃうんだよな。そういうのは勉強になりました。

　アタシも正蔵師匠に似てくるところはあった。やっぱり楽屋入りが、人よりも早く入るほうかなあ。師匠みたいに何時間も前にというのは異常ですよ。トリの人が前座よりも早く来ちゃあいけません。みんなが気を遣うもん。あっはっはっ。そこまではやんないよ。早く来る、そういうことは厭だとは思わないですね。

　ついこないだ、夢で何かしくじりしたんですよ。物凄い自分が失敗して、夢の中で、うなだれてた。そしたら夢の中のある人が、「オレ、こんな失敗しちゃったよ」といったら、「当たり前だよ」とその人がいう。「親の墓参り行ってねえだろう」って。それで目が覚めた。行ってねえよ、オレ。

それで次の日、お袋の墓参りに行ってきました。そしたらお花を売る人が、「好楽師匠、何ですか？」っていうから、「うちのお墓があるんです」「へえっ師匠のうちのお墓、ここにあるんですか」。それだけオレは来ていないということが分かっちゃう。あっはっはっは。

　お花を買えば、その人たちがいるわけでしょ、毎回行ってれば。「好楽師匠、お花これですよ」っていってくれるじゃない。「えーっ」ていうからさ、「何ですか？」って、「取材ですか？」って。「お袋の墓があるんだよ」って、凄い恥ずかしかった。目が覚めて、急いで行きましたよ。そういう夢は初めてですよ。三階から二階に階段で落ちて、二階から一階に丁寧に落ちる夢は、年中見ます。全部、断崖絶壁から落ちるの。高所恐怖症でもあるけど、怖いと思うと、そうやって落ちるんだね。不思議だけど落ちる夢ばっかり。「落語はオチないのに」。あっはっはっは。夢の中のあいつら余計なことというなって。あっはっはっは。何かいうんだな。ポリープを取ったときも、「ポリープ取るより笑いを取れ」だって。ふざけてんだ、あいつら。こないだの夢はショックでしたね。

「何で？」「当たり前じゃねえかよ。親の墓参り行ってねえじゃねえかよ」

　何で夢の中のその人が知ってるんだよ。誰なんだこの人。あれには驚いた。驚いた最近の話よ。それで慌てて行ったんだから。びっくりしたねえ。夢を見るのは失敗したことばかりで、成功したとかはない。高座の夢は全然見ないですね。スポーツ選手が物を忘れる夢を見るというが、落語家はねえ。

「お前ら扇子は噺家の命だ。侍でいえば刀なんだよ。……貸してくれる？」。借りちゃあ駄目だよ。

「忘れたんですかぁ」「家に忘れちゃってさあ」。軽い侍だね。あっはっはっは。まあ借りることはあまりないね。一式で着物のなかに全部入っているから。あえて入れるんじゃなくて、最初から入っているから。セットだから。着物、羽織、長襦袢、帯、足袋、扇子と手拭い。

《落語家は、さまざまな噺の覚え方をする。ノートに書き出して覚える。テープを繰り返し聞いて覚える。人それぞれだが、最初にそのやり方をしたら、そのやり方でしかできなくなるとよく落語家はいう。最初にチラシの裏に書いて覚えた落語家は、その後もチラシの裏に書いてしか覚えられないとか。ノートに書いて覚えた落語家は、高座で噺につまずいたときに、ノートのあの場所にその言葉があったと思い出すという。落語の稽古もそうで、最初にやったやり方を繰り返す。散歩しながら噺の稽古をする人は、ずっと歩きながら稽古する。山手線のなかでぶつぶついいながら稽古した人は、電車のなかで稽古をする。それが噺のリズムになる。》

うちの王楽は全部書くでしょ。いまだにずっとやっていますよ。あれはできない。アタシは競馬でも何でも、ノートに書いたことはない。競馬の人と喋ってると、べらべら昔のウマの名前がでてきて、そのときのレースのことをいう。

「そう、よく知ってますね、師匠」

「あのとき、二着の……」

「そんなウマの名前まで、よく覚えていますね」

そういうのが自然に出てくるの。ウチに帰っても記録しているものは何もないから。ウチに競馬のことの日記とか、何もない。調教師と一緒に飲んだら、「師匠のほうが詳しいね」って、調教師にいわれちゃった。あっはっはっは。好きなものはそうなんですよ。落語も好きだからね。よく書かないで覚えられるなとか。でもね、この箇所だけは、絶対この噺で重要だというときには、書きました。その部分だけ。歩きながらやって覚えて、散歩しながら、そこができるとすらすらっと、そこに入れるんですよ。アタシの場合はね。

「大工調べ」の「藤助……てめえっちにいわれる筋合いじゃねえ」という啖呵とか。すらすらっとやらないといけないでしょ。そこは書かないと。神社にお参りするようなふりして、行ったり来たりして、お百度参りしているような。「あの人、お百度参りしているんじゃねえんだ。落語の稽古しているんだ」。あっはっはっは。

数えたらね、あの当時は二百席は覚えようといっていたからね。何万もあった落語が淘汰されて、面白くない、時代に合わない、昔の口調でやったら面白かったというのが、なおしようがないじゃないですか。そういうのが淘汰され、結局残ったのは、怪談噺、音曲噺、あと滑稽噺がトップですよ。人情噺そのなかのテーマ、夫婦、主従、親子、男女。これがテーマであれば、ずっとなくならない。結局そうでしょ。「藪入り」だって、親子でしょ。「宮戸川」だって、女と男の子の恋愛でしょ。全部、テーマが決まってる。怪談噺だって、親の敵、子供の敵、そういうテーマ。日常茶飯事でみんな理解できるテーマだから、時代が変ろうと大丈夫なの。

注釈しちゃあ駄目なの。今こういうことをいいますけど、昔はこういいましたが、「今こういいますけど」といっちゃあ駄目なの。それが一番お客に対して失礼。お客は勝手に理解して、分かんなかったら、自分で調べますよ。落語のなかに溶け込んで聞いているから、邪魔にならない。アタシなんか、絶対この噺難しいなと思ったことない。子供にはわかんない言葉だけど、流れでそれらしいことといっているなと思って。で、親に聞いたら、「やっぱり、オレの思った通りだった」って、なるじゃないですか。邪魔にならないわけですよ。ここで笑うということは、面白いことをいってるんだな、お袋に聞くと、それはこういうこと、やっぱりオレの思った通りだとなるわけ。難しい言葉が出てきたから、理解できないっていうのは、あれは嘘ですよ。落語を嫌いなヤツに限って、そんなことというんだよ。「すごい楽しかった。あすこの部分は分かんなかったんだけど」と素直に聞く人もいれば、それで躓いて分かんなくなっちゃったという輩は、落語が好きじゃない。

　七十七歳までのなかで、そのなかで好きな噺とかそういうのはありますよね。それが変わるんですよ。「はつらつと元気がなきゃいけない」と、師匠方にいわれる。古典落語はつい小さな声で「そうかいっ、おまえさん」って、なりやすいじゃないですか。それは駄目。おじいさんだってね、お前たちの顔で、お爺さんはでないんだから、お爺さんらしいことをいわなくっていいんだよ。声を震わせながら「あたしわさぁ」でなくていいんだよ。

　普通に「あたしわさぁ」でいいんだよ。それがお爺さんの言葉であれば、お客さんだって、これはお爺さんがいってるって、分かるじゃないですか。わざわざ、顔を崩して震えながら「お前ねえっ」。そんなことはないって。「そういう話し方は駄目だ」って、そういうのはなるほどなって思いましたね。どうやっても自分の歳にあって、だんだん歳をとってくれば年寄りの話になるじゃないですか。ねえ、その顔に合った白髪頭が、顔は皺があるわ、その人になるじゃない。若い時分に年寄りの噺をするったって無理があるけど、言葉はちゃんと教えないと、伝えないと、そうしないと成り立たないから、はつらつとしなきゃ。大きな声ばっかり出せばいいというわけじゃないけど、はっきり言葉は通じなきゃ駄目。そこにうまい下手が生じるんだから、堂々と失敗してもいいから、大きな声で。

七十七歳の今も、林家の噺が一番好きですね。圓生師匠は名人ですよ。よく林家と圓生師匠は比べられますよ。噺の数は同じくらい持っているわけですよ。二人とも二百以上、こんな噺があるのかと。それでテレビ局やラジオ局が来て、「林家の師匠、この噺は林家の師匠しかやらないと聞いたんですが」。

「ああ、しばらくやってませんねえ」

「それを今度、放送でやってください」

「はいっ、わかりました。ちょいと時間をください」

NHKが放送する。TBSが放送する。アタシは毎日、そういう噺を聞いているから、「こういうふうになりてえなあ」と思った。つまんない噺に思えるけど、師匠がやると、味があっていいんですよ。何でもげらげら笑えばいいっていうんじゃなくって、そんなものやかましいっていう感じ。林家のいっているやり方はすごくかっこいいんですよ。納得しちゃうんですよ。「ああそうか、こういう形を選んだな」って。

怪談噺も三遊亭(圓生)と比較されますけどね、ウチの大将のね、林家の怪談噺はぜんぜんいいですね。これは別に、圓生師匠がそんなにうまくないっていっているわけじゃないですよ。圓生師匠は名人ですよ。「乳房榎」なんて、ぞくぞくって震えがくるくらい素晴らしい。今でも誰も真似ができないくらい。林家は林家の独特の語り部があって、「鰍沢(かじかざわ)」みたいな、本当に雪が降っているんですもん。雪が降っているように喋れるなんてありますか。ぞくぞくしますよ。「どうなっちゃうんだろう」って。こんな女がいたんだ、昔廓にいた女が駆け落ちして、ここに生き延びて、心中したときの顔がいいだけに描写がすごい。そこにお態がいるんですよ。それを伝えられるようなね、語り部にならないと駄目だなって。言葉で仕事を貰っている以上は、そういうふうにならないと。一生稽古でしょうね。

弟子がみんな真打ちになってからは、自分はここ、しのぶ亭で会をやって、ひとりも客は来なくてもいいから、ここで語って、一時間でも二時間でも。長い噺、そんなのをやってみようかなとか、そんな気持ちになりますよね。そうしないと、ここを建てた意味ないもんね。みんなにやらしてあげるだけじゃあね、自分の財産にならないもんね。

正蔵師匠の「鰍沢」をどこかでずっと意識してる。その域に達してないから、出来ないですよ。勉強会では、「鰍沢」出しましたよ、何度も。だけどいってないですよ。「山崎屋」も大好きなんですけど、黒門町は「よかちょろ」でやっていますけど、談志師匠もやりますし、圓生師匠もやりますけど、林家の「山崎屋」は天下一品。これはねえ、文珍に渡したんだけど、「お前さんもやれ」って。

「ああ、これはアタシには、難しいな」っていったんですよ。そういう笑わせるというか、「くすっ」というようなくすぐりのいい噺なんですよ。全体的に時代を物語っているし、それこそ番頭さんとご主人とご主人の息子さん、三人の話なんですけどね。すべてうまく辻褄（つじつま）があっていて、昔の商人（あきんど）はこうだったんだな、嫁さん貰わないといけない息子は跡取りなんだからとか、女がからんで吉原の女が忘れられない。実に見事なんですよ。アタシは好きで、たまに高座にかけるけど、まだ域に達してないから、ここで勉強会風の「ひとり好楽の会」をやったら、そういう噺はやってみたいですね。また練り直しです。練り直さなければ、意味がないですよ。

よく、「好楽師匠、サインしてください」「握手してください」って来るじゃないですか。それはアタシが偉いわけじゃない。自分がいつでも自然体でいないといけない。さっきおそば屋さんに行ったんですよ。お墓参りから帰ってきて、ちょうど十二時だから、満員なんですよ。お客さんが二人立っていた、この暑いさなか。この町内のおそば屋さんだから、祭りがあるんで、そのときに店をだすんですけど、「師匠のウチの前を散らかしてすみません」「もっと、もっと散らかして」って。そのときにいつもお祭りのときに、お包みをするんですよ。そのおそば屋さんが若手の会長さんで。お客さんが二人並んでいたんで、すっと入っていったら、この二人が割り込んで入っていったと思うじゃない。「そうじゃないんだよ」って、おやじさんに渡して、戻ってきた。ママもアタシが並んでいると思わないじゃない。「えっ、この暑いさなか、師匠並んでいたの？」。一緒に並ぶっていうのが大事なの。アタシはどこに行っても、「師匠だから前に」っていうのが大嫌いだから。うちのかみさんと一緒に、特別扱いされて不機嫌になって帰ってきたもの。「そういうの駄目よ」って。アタシたちみんなと一緒に扱ってくれなきゃ。そういう気持ちだったからね。なかにはふんぞり返って、当たり前っていう顔をする藝能人もいるかもしれないけど、そういうのは絶対に駄目。

差し入れもアタシは自分で買って持っていく。こないだ、（林家）たい平君が新宿末廣亭のトリだったんで、こんなでっかい荷物でしたよ、カツサンドやヒレカツサンド、ハンバーグサンドとか一杯持って行って、重たいからいいんですよ。弟子に持たせたら、通じないから。それで楽屋に届けて、「たいチャンによろしくね」って。

「師匠、あんなにいただいて、すみません」って、電話がかかってきて、「いやいやいや。いつも王楽がご馳走になってるからね」。

「アタシなんかたいしたことありません。師匠こんなに持ってきていただいて、すみません」

にゅうおいらんずの、（三遊亭）小遊三のところにも、大きな差し入れを持っていって、「天野君（小遊三）、こんなのいつまでもやってんじゃねえ。うまくやるんじゃねえぞ。悪友の家入より」って。あいつが笑うから、受けるからそうやって、遊ぶんですよ。アタシら。自分で行くから、人のお礼になる。正蔵師匠がそうやっていたから、それが当たり前だと思ってた。全部はがきでお礼状を書く。それじゃなきゃ厭なんです。アタシは。年賀状だって、必ず言葉を添えますよ。教わったのではなく自然体。色んな人のお付き合いのなかで、こんな話があった、あんな話があった。もちろん失敗も。ああそういうこともあるのか、「へえ」っていうのが身にはいったんだね。誰に教わったわけではなくて、いい悪いとか、これは真似したほうがいいとか、自然に体に入ってきたんじゃないかな。

前座のときに、兄さんたちが受けないと、「きょうの客はセコイ」っていうじゃない。自分が受けないから。アタシも調子に乗って「今日のお客さんセコイね」っていったら、お囃子のおばさんが「お客じゃないのよ、アンタがセコイのよ」。それ一発で兄さんたちがいっているからって、調子に乗って自分もいって、いかに恥ずかしい言葉か。それから一切、お客のせいとかいわなくなった。三味線弾きのおばさんにいわれたんですよ。それはすごい貴重な経験でしたね。「自分が悪いにきまっているじゃない。セコイなんて手前がセコイんだよ」。兄さんたちの言葉で育ったから、自分もそういって。考えてみたら、とんでもないことですよ。客に失礼。「あんたが悪い。お客に罪はない」って、ぼそっといった。すごい。

マーロン・ブランドっていう人がいった言葉で、だれも自分を見ても何とも思わないというのが本当は自分の生き方としては嬉(うれ)しいけど、やっぱりかえりみてくれないと寂しいもんだって。そういうふうにいったという言葉が残っているんだけど、人間は誰でも売れたい、ひとに見られたい、顔を知って欲しいというのはある。あの天下のマーロン・ブランドがいったことわかりますよね。

アタシは最初から裏表がないように努めました。裏表があると、自分が疲れてくるんですよね。近所の人は声をかけてくれるから、必ず「おはようございます」「こんにちは」と挨拶する。どこでも同じ人間でいたいからね。そのほうが、透き通って暮らせますもん。自然体じゃないと。嘘をつきたくないしね。かっこうもつけたくないしね。ドジも踏んで、笑われたいし。格好つけるのはできないですね。見られたくないというのは、最初はありましたけど、この歳になったら、そんなもの小さい考えだなと。藝人はずっと見られてなきゃあしょうがないんだから。常に襟（えり）を正していないとね。有名税とは違う。「笑点」にもう四十年出てますけど、「笑点」に出ても、名前を知らない人は一杯いましたし、それがだんだんね「好楽さんだ」って、名指しで指差されて。「見てますよ」とか「こないだおもしろかったですね」とか。「ありがとうございます」と、そのくらいで、「たまたまですよ、そんなの」とか、笑いながら返しますけど。無理しないほうが生きやすいというか、生きていくのにね、人間正直にさらけ出した方が、お客さんは分かってくれるんじゃないかな。

落語家で知られているというところにいるのが、申し訳ないというか、もったいないというか、いいのかなと思うときがありますよね。オレでいいのかなと思うときがありますよね。人に知られているひとりとしてね。

王貞治さんが現役のときに、仲間が結婚するんですよ。「王さんが来る」って、みんなに発表するじゃないですか。「すごいな、天下の王貞治が来るんだ」って。みんな遠慮もしないで、色紙をどーんと持ってくるんですって。それを厭がらずに、王貞治はサインを書いたっていうんですよ。「王さん、よく断わらずに書きますね」っていったら、「これも仕事ですよ」っていったというんですね。ああ、なるほどこのサインも仕事なんだ。すごいなっていうのも聞きました。

王さんとオリンピックでメダルを取った人の対談で、王さんが、「プライベートはチャンピオンじゃないというのは駄目ですよ」っていった。プライベートでもチャンピオンでいないといけない。見られているんですから、みんなが憧（あこが）れるんですからというのを読んだ。アタシはその言葉をずっと思ってる。

あとすごいなと思ったのは長谷川一夫さん。小川宏ショーに出たの。「これからどうしたいんですか?」ってアナウンサーが聞くじゃないですか。そしたら、「そろそろ不義理したいですね」っていった。天下の長谷川一夫が不義理していないんですよ。アタシなんかそれを見ていて、画面に「申し訳ありません」って頭を下げた。まだ、アタシが二ツ目くらいですよ。「何をいうんだろう」とずーっと釘付けで、テレビを見てた。「天下の長谷川一夫が不義理しないんだ。わーっ、すごいなあって」。お世話になっているところに、急いでお礼に行きたくなった。人間、手を抜いちゃうのは簡単だもん。正蔵師匠、圓楽師匠、王貞治、長谷川一夫……、みんながいった言葉、脳裏に焼き付いてますね。人はこうやって、考えてるんだ。決して自分は偉くないんだ、たまたま自分が選ばれただけなんだと思っていないとね。林家がいってました。「落語、いまの人のほうが噺は上手だね」って。だからって、その人の人柄は出てないもんね。人柄がでるような落語、「あの人の落語はいいね」っていう、「伝わるね」。そういった藝人になりたじゃないですか。藝を磨くということは、人間を磨くことですよ。落語を磨いちゃ、駄目よ。落語はだれだって覚えりゃできるんだ。弟子もアタシの背中を見てくれてると思うんですけどね。

第三章　藝談秘話そして笑点

1　池之端しのぶ亭の席亭

《新年の寄席は賑（にぎ）やかに、多くの落語家が顔を揃（そろ）える。人気落語家はごく短い時間の顔見せ高座で、都内の寄席を忙しく、掛け持ちする。圓楽一門会は当時、中心は両国寄席だけで、落語協会や落語芸術協会のように、正月に寄席を掛け持ちできないから、好楽師匠は落語家として、その忙しさも経験させたいと、池之端しのぶ亭を建てたと話したことがとても印象に残っている。好楽一門の正月は、元旦に一門全員が池之端しのぶ亭に顔を揃えて、みんなで新年のお祝いをする。好楽師匠からお年玉と手拭いを貰い、食事となり、雑煮（ぞうに）を食べる。ある年、好楽師匠が「七万のおせち料理だから、みんな食べて食べて」といった。「えっ、七万ですか」と、弟子みんなの目が、テーブルに並べられた重箱のおせち料理に注がれた。七万ではなく、なだ万のおせちだったことがわかり、みんなで元旦から大笑いしたことがあった。ここでも好楽師匠は自分が何かを話すのではなく、集まった弟子たちのそれぞれの話をお酒のグラスを片手に、嬉しそうに聞いている。毎年、賑やかな好楽一門の新年会だ。その後、圓楽一門会の総会にみんなが出席するために出かけるときに、池之端しのぶ亭の前で勢揃いして、記念撮影をする。ここしばらく毎年のように元旦は天気もよく、穏やかだ。二日からは池之端しのぶ亭では毎年、人気の出演者を招いて恒例の正月初席が行なわれる。三十五人の限定だが、賑やかな初席で一年が始まる。

池之端しのぶ亭に行くには、地下鉄を根津駅で降りるが、出口は根津神社方向とは反対側だ。電車の起こす激しい風を背中に受けながら、地上まで出ると、そこは大通りだが、左手に出て精肉店の豚の木彫り人形を見ながら曲がると、通りは急に静かになる。お寺や古い店を見ながら少し行くと、そこに池之端しのぶ亭がある。》

談志師匠も根津に住んでいて、根津駅の地上へのエレベーターがあるのは、こちら側だけで、談志師匠の住む側は階段だけで、談志師匠が「どうして好楽のほうだけにエレベーターがあるんだ」と。「なんであっちだけエレベーターがあるんだ。不公平じゃねえか」と怒った。あっはっはっ。それ、議員の先生に聞いた。談志師匠、そういったって。「何とかしろバカ野郎」って。「そういうふうにいわれても困っちゃうんだよね」って、議員先生も困ってた。

人生にはいくつかの転機があるが、入門がそのひとつ。入門しないと落語の世界に入れないんだから、それだけでわくわくしましたね。この世界で生きていくんだって、他のことは何も考えなかった。この人と決めたら、他は目に入らないですよ。結果的には一番いい人に入ったと今でも思いますね。ええ、人間的にもね、凄い立派な人だし、良かったです。林家（正蔵）への恩返しなんかできないですよ。とっくに亡くなっちゃって、どうすりゃいいんだ。教わった兄弟子も、可愛がってくれた先輩も、みんないないでしょ。で、そうかお墓参りだけでは恩返しにならないから、後輩をスターに育てあげられれば、それがこの落語界の一番いい恩返しじゃないか。それでこの寄席（池之端しのぶ亭）を建てました。寄席を建てたかったんですよ。うちのかあちゃんも納得してたね。「あっちのほうに土地があるわよ、行ってみましょう」っていうと「帯に短し、襷に長し」で、不便、厭。狭い、厭。大きすぎる、厭。駅から遠い、厭。一番いいのがお寺さんが建ててる家に隅っこに住宅があった。寺町でお客さんが来やすい。でも借地だったんで、うちのかあちゃんが、「借地は駄目。あたしたちが死んだら、子供たちに迷惑がかかるから」っていうんで、それでやめた。そしたら不動産屋さんが「池之端にあるから、師匠どういうところなのか、一度見に行きなさいよ。気に入るかどうか」。娘とかみさん三人で行ったら、ここが二階建ての中華屋さんだった。お父さんの一人暮らしで、店はやめていて、お母さんは亡くなって、子供たちはみんな出ていっちゃった。「誰かに売りたい」という話で。こっちが神社で、三人とも気に入っちゃって。「前に買う人が決まっているんで」と二番手で、その人が急に降りちゃって、アタシたちが譲って貰えることになった。良い場所だっていうのは仲間もいうし、日暮里の近所のおばちゃんたちも、「よくこんないいとこ、よく探したわね」って、みんないってましたね。さらっと来ちゃったけど、その人が買っちゃったら駄目なんでしょ。しのぶ亭の隣は七倉稲荷神社で、そこは藤棚があり、児童公園にもなってる。横に壁があった。名門の小学校の壁画があったんですよ。何か理由を付けて、取っ払って貰おうと思ってた。東日本大震災で、神社にあった鳥居が壊れた。神社の横の児童公園で子供たちが遊んでいて、何かあったら危ない。その壁画は写真に撮って、壁は取っ払っちゃったから、こんなに明るくなった。全部うまくいっちゃうの。壁があったときは、暗くなってた。それで寄席でお客さんが集まるところだから、逃げ場がないといけない。かみさんが消防署と相談したら、見に来てくれて、「ああ、この通路なら大丈夫ですね」って、すべてうまくいった。

「しのぶ亭って、どういうことで付けたんですか?」って、みんな意外としのぶ亭とつけたのはわかんない。アタシが、家入信夫。信夫は何て読む。「しのぶ」「しのぶだ。ここは、のぶお亭なんだ」。忍ばず通りがあって、忍ばず小学校があるでしょ。だから、みんなそっちからきたと思ってる。そうはいかない。「信夫だよ、のぶお。やっと分かった?」

で、弟子の好好が入門して、アパートを見つけるとき、不動産屋がアタシと好好三人で歩いていて、「どの辺ですか?」「ちょっと先の右側のアパートですよ」。ちょっと見て、鍵を開けようとしたら、「あんた、好楽師匠に弟子入りするの決まっていたね」と、不動産屋が好好にいう。

「どうしてですか?」

「見てごらん」。そのアパートの看板が、「しのぶ荘」。

「あっ、ほんとだ」。あっはっはっはっは。不動産屋も知らなかったんだ。自分が「いいアパートありますよ」っていっときながら、不動産屋がアパートの名前をそのときまで、知らなかったんだな。そういう偶然が重なるんですよね、うちは何だかね。

一カ所でずっとやっているのもいいけど、違うところのお客さんとも戦わないと噺はうまくならないんですよ。環境が変わらないと同じ所ばっかりでやってると変な癖が付いちゃう。気持ちも新たになったり、「この噺やってみようかな」と。後ろでお客さんの反応を見ていたら「こんな噺もできそうだな」って、それが勉強なんだ。稽古っていうのはそんなもの。ひとの噺を聞いていて、出番になったときには、「この噺をしよう」とか、そうやって自分を奮い立たせて、ネタを増やして。寄席がないと絶対にネタが増えない。個人が寄席を作るのは大変だけど、それがまたアタシが暢気(のんき)で、全部かみさんがやっちゃうわけだ。支払いも全部、かみさんがやったでしょ。どうしようもないおやじなんだ。全部、嫁まかせ。あっはっはっはっはっは。

きのうもここで、弟子がすごいいい噺をやっていましたけど、やっぱり寄席を借りて勉強できるっていうのは、倖せですよね。必ずやる場所があるっていうのはね。聞いていて、「やる気のあるコはこんなにうまくなるんだな」って。アタシは時々、(自宅の)上から降りてきて聞いてる。「うまくなったな」。そしてネタ帳を見ると、「あっ、こんな噺を三席もやっているんだ」とか。アタシからは何もいわないが、アタシがこういっていたとか、周りから師匠がこういっていたと本人が聞く。絶対に楽屋雀はみんないうに決まってる。それでいいんじゃないですか。そうしたら張り合いが出て、いいんじゃないですか。「師匠、聞いてくださっていたんだ。よおしやってやろう」ってなる。やって何もないというのだと、自分にやり甲斐（がい）がない。遠回しで褒（ほ）めてやる。うまくなることが、落語家の一番の師匠への恩返しですよね。師匠の思い出話があって、一番凄（すご）いのが木久扇兄さんでね。八代目正蔵師匠、彦六がいまだに存在しているように、お客さんは受け止めている。亡くなって、もう何十年もたっているんですよ。「ばぁかぁやぁろぉおっ〜」って、あんなに震えてねえっちゅうの。ああやって大袈裟（おおげさ）にやるとこが面白くて、よく師匠の圓楽が、「木久ちゃんは親孝行だ。師匠をいまだに生かしているもんね」っていってました。仲間がそういうんだから凄（すご）いね。アタシもうちの連中には話しました。うちの師匠はこうだったんだよ、ああだったんだよって。こういう格言をいってくれたんだよとか。そういうのはみんな伝えますよ。

2　寄席に手を振る師匠

寄席は落語家にとって学校ですね。寄席は学校で、修業の場ですね。寄席で育った人とそうでない人の違いは分かりますよ。寸法が違う。寄席で育ってない人は、「何分で終りにしてください」っていってもオーバーしたり、寄席で育ってない人はだいたいみんなオーバーしますね。ぴたっと終るのは寄席で育った人で、慣れてますね。かっこいいですよ。寄席で慣れている人たちはみんな、すとーんと終る。さすがだなと思う。「いいとこで切るなあ」と。だから寄席の世界で育った人は、ぴたっとはまるんですね。この時間帯でこの後喋って、前の人が沸かしたその後に続けるためには、邪魔しちゃあいけない。自分の範囲でもって喋って、お客さまに聞いて貰う。即、その噺が浮かんで、ぱっと喋って。みんな格好いいんですよ。前の人の空気を消すんだから。三平師匠がドッカンどっかん涙流して笑わせたんだから、その後すっと出られますか。厭でしょ。平気で堂々と出ていく。そこに出ていくおじいさんたち、その空気を消しちゃうんですよ。あれがすごいなと、寄席じゃなきゃあ出来ない。他の人たちはそんなことできない。絶対にみんなびくびくします。アタシだって、そんなふうにずっとやってきたもん。

「この後、オレ上がんのかよ。こんな受けていた人のあとに、厭だよ」

そんなこと一杯ありましたよ。だんだん歳とってやってきて、「そうか、自分の世界で喋ればいいんだ。焦ることはないな」っていうのまで来るまでに、何十年もかかりますけどね。その苦労をする人のほうが、上手(うわて)ですよね。生涯かかってやる商売だから。

弟子に何かを伝えるときには、大勢では絶対にいわない。一対一じゃなきゃあ、絶対に話さない。そうじゃなきゃあ、熱心に聴いてくれないじゃない。「こういう噺をした人がいたんだよ」と、遠回しにいうじゃない。そうすると質問してくる。「そこだよ、そこんとこが違うんだよ。お前、考え方が。そういう風に思っちゃあ、駄目なんだよ。そこをあえてさらっとやらなきゃあ。そこしつこくやる人、一杯いるだろ、そこは当たり前の感じで、素通りするんだよ。そうすると生きるんだよ、そこんところが。そうやんなきゃ駄目」

「ああ、えっ。そうですか」

最初は疑問符だったけど、「師匠のいう通り、あの場面はしつこくやんないほうが良かったですよ」。

「ここは受けるからと、しつこくやるのは、絶対に駄目。受けるのは、スーッと素通りしなさい。そうすると、くすっと。それがいいんだね」

お客さんで自分だけ笑っちゃう人がいるじゃない。「あすこおかしかった」。みんなそう思ったりね。「オレもあそこのところおかしかった」って。アタシもボクもってなる。「みんな同じところで受けていたんだ」ってなる。そういうもんですよ、落語は。話し方が巧い人のときには、勝手に体全体が前のほうに、自然に動くもんね。聞き逃さないためにね。「えっ、どうなっちゃうの」。えっ、えっ、えっ、えーっとまた下がって、感心してね。またぐーっと前倒りになるじゃないですか。それが噺の世界でしょ。歌だってそうですよね。いい歌だと前倒りになるもんね。やっぱりそういうものを、アタシたちはやるべき仕事だから。いかにお客さんに喜んで貰うか、それがすべて、それが命だから。

目の前にお客さんがいるから分かる。寄席は狭いし。映画俳優が舞台に出たがるのは分かるんですよ、客がいるから。映画俳優は客がいないんですよ。だから、森繁久弥さんが「屋根の上のバイオリン弾き」をやりたがったのは、あんな名優でも、画面では通じない、舞台だと感動する人が一杯いる。拍手、幕が下りる。あれはもう絶対、お金には換えがたいというつもりで、役者さんは舞台に入るんですよ。アタシたちは三百六十五日同じことをやっているんですよ。あなたたちよりもアタシたちは、多く高座に上がって、人前でやっているんですよ。お客さんが育てるんですから、噺家は、笑ってくれなかったら、聴いてくれなかったら、聴いてくれるお客さんがいるから、我々は勉強するんだからね。

客席のお客さんをひとりひとり見ている。若い時には寄席ではやっていましたね。今は大きなホールだと二階三階、超満員だとそれができないじゃないですか。この前トリを取ったときに、最後に手を振ったら、「ボク、初めて見ましたよ、トリの人が手を振っているのを」。二階三階の人に、「来てくれてありがとう」というのを最後に発表するしかないじゃない。前の人は後ろに誰がいるかわからないもん。「ありがとう、ありがとうねー」といいながら、緞帳が降りていく。「もう、アタシはそれでやるんだよ」って。三階の後ろの人なんか、アタシの顔なんか見えないだろうね。だから最後に手を振って、愛敬を振りまく。それを最近やるようになりました。

橋幸夫は、「潮来笠」で「潮来の伊太郎」と、顔を左右に、ゆっくりと動かして見る。「アレは癖じゃないですよ」と、当人がおっしゃっていました。お父さんが「お客さんが大勢いるんだから、お客さんに目線を合わせなきゃ駄目だ、お前」。目線がまっすぐだと、そのお客さんしかいないと思っちゃう。こないだ、橋幸夫が自分でいってたもん。あれ、癖だと思って物真似しやすいじゃない。こっちのお客さんにも挨拶、こっちのお客さんにも挨拶している。そして真ん中のお客さんが聴いてくれる。橋幸夫のお父さんが「お前、歌手というのは、大勢のお客さんに聴かせているんだ。ぶすっとして、前向いて歌っていちゃあ、駄目だ」って、教えたんだって。笑った、笑った。橋幸夫、当人がいうんだから、間違いない。

3 落語家が売れるということ

売れるということを何とも思ってなかった。ただ落語界にいられるという喜びだけでしたから。先輩たちと触れあったり、後輩を連れて飲みに行ったり、そういう落語界に染まっていたい人間だったから。毎日毎日、落語はただで聞けるし、名人上手を高座の袖で聞けるんだもん。倖せですよ、ずーっと。

こうやって売れようとか、全然思ったことないですよ。運がいいのは、やたらにテレビとかコマーシャルとか出させてくれましたね。「出たくても出られない人がいるんだよ」っていわれて、「そうなの？」っていうくらいの感覚なんです、アタシは。「誰でも出られるんじゃないの？」「違いますよ、兄さん」

前座で結婚して二ツ目になったんですけど、まだ前座身分ですよね。そのときに「笑点」の若手大喜利に出たとき、麹町の日本テレビの本社、あそこにCM部ってあって、そこの一番偉い人が、「こいついいなあ、こいつ使おうじゃねえか」って、それで呼ばれて行った。

「お前さん、錦糸町ステーションビルってあるんだ」

「錦糸町にあるんですか？」

「駅の中にあるんだ。それが名前を変えるんだ。テルミナっていう名前なんだ。その最初のコマーシャル、お前やれ」

「えっ、えっ、えっ。アタシがやるんですか?」

それがコマーシャルに使って貰った最初。まだ入院中ですよ。肝臓で一カ月入院していたときに決まって、それでスタジオに行った。大勢の中、一人でコマーシャルをやるわけよ。「駄目っ」「もう一回」「駄目っ」。三時間も四時間も駄目なわけですよ。「しょうがねえな、こいつは。誰かウイスキーを買って来い」「ウイスキーにちょっとコーラを入れろ」「それを飲め」。ぐっと飲んで、「本番いくよ」。

「はいっ。OK」

「なんだい。早く飲ませりゃ良かった」

そのCMは評判になった。噺家連中は「兄さん、面白いねぇ」「あのコマーシャル、意味分かんない」。楽屋雀はろくなことをいわない。そこからとんとん拍子じゃないけど、一番上の娘が誕生して、まだ二番目が生れるか生れないかのときに、一週間毎日レギュラーがありました。12チャンネルで旅の番組、月曜日はフジテレビ、あと若手笑点、土曜日大喜利。火、木、土が静岡放送。火、木がラジオの録音。土曜日は富士急百貨店で生のテレビ。だから、すごい収入がありましたよ。家賃千二百円のときに、法外なカネが入ってきた。売れているっていう意識はなかった。「ワンクール藝人」っていわれた。番組が三カ月で終っちゃう藝人のこと。「兄さん、もう終わっちゃったんですか、あの番組」「終っちゃったよ」。そんなことを繰り返して、こうなった。ただ、「笑点」を降ろされた四年間、あれが空白ですよね。でも、もともとね、自分で納得して、自分で受けていたと思っていて辞めさせられたら憤慨しますよね。アタシは「たいして役に立ってないから、辞めさせられたんだな」と思ったね。「笑点」は大きな存在とみなさんそういうけど、オレそう思ってないんだよね。背伸びしない自然体っていうのは、性分なんですね。ここで巻き返してやろうとか、ここで逆転してやろうとか、そんなことまったく考えてないですね。だから、「笑点」に復帰したというのは前代未聞だとみんないうけど「ああっ、そおっ」。アタシはそんなふうに思っている。

「返り咲きはそんな珍しいことなの？」

「何いっているの、あの番組みたいな大きな番組で復帰したなんてことはありえない。辞めさせられた人はずっと使わないよ。過去、みんなそうだったよ」

　どんな番組だって、降ろされた人を使うことはない。まず、お呼びがかかることがない。アタシはね、楽太郎と夢之助が若手笑点から出たとき、そのプロデューサーが、「お前は次回だからな、用意しとけ」とはいわれました。それで夢之助がはずされ、アタシがすぐ入った。三番手がオレだってそのプロデューサーがいって、ホントにレギュラーになっちゃった。よくレギュラーが決まって、「ヤッター、笑点すごい」とか、そんなのは全然ないですよ。

　目標はない。落語家になっただけで、倖せですよ。テレビで有名な人とか、落語の名人の人と目の前で喋れるんですよ。こんな倖せないじゃないですか。自然体だからね。そうすると向こうから仕事が寄ってくる。

　酒を飲まないということはない。反省はするけどね。春風亭柳朝兄貴の言葉を今でも思い出す。

「てめえら、バカ野郎っ。酒飲んで、しくじって」

　柳朝兄さんは椎名町のウチからタクシーで、正蔵師匠の稲荷町まで謝りに来てくれた。すごい素晴らしい兄さんで。あまりにも酒で失敗したから、だいたいいうことは決まっているでしょ。「お前、きょうから酒はやめろ。いいかいっ。約束か」「約束します」

　柳朝兄さんはそういわなかったね。

「酒飲んでもいいから、気を遣(つか)え」

「あっ、はいっ。分かりました」

　それで終わっちゃったの。「酒を飲んで、自分自身が喜んでいるようじゃ、駄目だ。周りの人に気を遣って、周りの人をいい気分にさせろ」ということなんでしょうね。その言葉はすごく嬉(うれ)しかったですね。「酒を飲むんじゃねえ」というと思ったら、「酒を飲んでもいいから」と。一番嬉しかった言葉は、それですね。この世界は「酒を飲まなけりゃあいい」っていう世界じゃないし、酒の席が多いじゃないですか。お客さんと一緒に行く。打ち上げをする。酒席が多いでしょ。そのときに飲まないというと気を遣うよ。「あの人飲んでいたのにやめちゃった」って、気を遣いますよ。「何でやめたんですか？」って訊くよりも、「えっ、躯(からだ)の調子が悪いんですか？」って、いうことになる。

父は大酒飲みですよ。男六人か、親入れて。女四人、お袋入れて十人家族で、男全員大酒飲み。女四人は酒を一滴も飲まない。酒を一滴も口にしたこともない。生涯に一度も。それで毎日毎日、酒を買いに行っているんだよ。大変だよ。「恥ずかしいよ。カラの一升瓶を持って行って、酒屋で取り替えてくるの」って、お袋がよくいってた。買い物籠(かご)から一升瓶が出てるの。

うちの弟子も、みんな大酒飲み、なかには飲めない人がいてもいいんだが。だからアタシは弟子に「酒を飲まないと駄目だよ」って。みんな飲むじゃない。入門するのに酒を飲む試験があるんじゃないかというくらい自然に。かあちゃんが生きているときに、ランチに行くじゃない。中華屋さんだとか、居酒屋さんだとか、とんかつ屋さんだとか、まず大ジョッキ二杯、これがノルマ。いい気持ちになるけど、それがだんだんリズムになって、当たり前になって、誰も文句いわなくなって、「うまいっすね」って、飲んでるよ。

結婚したときに一カ月入院して、そのときに酒を飲まなかっただけ。そのときもコマーシャルの撮影のときに、ウイスキーのコーラ割りを飲んだ。あっはっはっは。飲むのは、今は日本酒。酔い心地がね。つまみが日本料理だから、日本酒が合うに決まっているじゃないですか。日本酒が一番いい酔い方をしますね。ゆらゆらと。最初はビールばっかりだった。七十歳を過ぎてから、「とりあえずビール」はやめましてね、「とりあえず日本酒」。何かおいしいなと思って、みんなに「とりあえずビールをやめな」っていう。「なんで?」というから、「ビールの入る隙間(すきま)がもったいないから」日本酒を入れる。あっはっはっはっは。

前座のころ、正蔵師匠とかみさんが旅に行ったとき、師匠のうちで兄さんが「おいっ、酒あるのか?」って。アタシが一番下だから「ありますよ」って。兄さんの話、面白いじゃない。兄さんたちの色々な経験談が。ご機嫌で飲んでいるんですよ。すると酒がどんどんなくなってくる。どうしようかな。だって楽しい話を聞きたいから。こんな話ずーっと聞きたいから、裏に回って酒屋に行って、自分のカネで一升買ってきた。「酒ないの?」って、いわれないように。

「まだ酒あるかぁ?」

「ありますよぉ」

そのなかの兄弟子で、気を遣う人がいて、「のぶちゃん、あれ、あんたが買ったんじゃないの?」

「ええええっ」

「分かっているよ。そんなにあるとは思ってないから」

「いえいえ、みなさんの話が面白かったんで」

「気イ遣うねえ」と、喜ばれましたけど。

(古今亭)志ん朝師匠が「お前の前座時代は黄金時代だ。今の前座は面白くも何ともねえよ。お前たちは、オレが『帰れ』っていっても付いてきただろ。今のやつらは『飲みに行くか?』っていったら『いえ、師匠の用がありますから』って。『この後、稽古がありますから』って。何いってんだ。師匠の用なんかあるわけねえや。これから稽古するわけねえんだよ。オレと飲みたくねえんだよ」

それを聞いて、「ええっ。志ん朝師と飲みたくないって、そんな奴いるの？」。

「お前らの時代と違うんだよ」

新幹線のなかで志ん朝師にばったり会ったりすると、そういっていましたね。もったいないよ。いろんな話を聞けるんだから。アタシはそれが財産。だから、「あの時は」ってみんなアタシに聞きにくるんだ。「志ん朝師匠は、どういう人だったんですか？」「圓生師匠は、普段厳しかったんですか？」。そういう話、アタシしか知らないじゃない。すごい経験だもんね。小朝が、「兄さん、また本書きなさいよ」って。そんな話、絶対面白いじゃない。どういうわけか、そういうところに居るんですね。アタシには喋りやすいのかな。先輩が酒飲みながら「ちょっと、ちょっと、この子にお銚子三本」って。

「すみません」

「手酌でやって」

「当たり前ですよ。それで師匠はそのとき、どうだったんですか？」って、話の続きに戻る。「それがさあ、オレも若かったんだね」って、話をしてくれるんですよ。その人だけのひとりの経験談を。これすごい貴重な会話ですよ。みんなを集めて、「オレはこうしてしくじったんだ」という人はいないもんね。あっはっはっは。

「酒癖が悪いから、あの人のそばに近づいちゃあいけないよ」という落語家だけじゃなく、講談の

ですよね。先生がいるんですよ。藝はうまいんだけど、癖があるんですよ。その人にアタシ、喜ばれちゃうん

「おいっ、行くかい？」

みんなが「行くな」って合図をしてる。「行きますか、師匠っ」って、出て行く。「無鉄砲だね、九蔵兄さん。行っちゃったよ。何されるか分かんないよ」って。そういう癖のある人とか、機嫌の悪い人にも可愛がられましたね。

「ご機嫌で肩組んで歩いていましたよ。どういう人なの？」

「あいつ楽屋にいねえのか？」って探すっていうんだから、そういうのはありがたいことですよね。働くのはめちゃくちゃ働きましたからね。そういうのを先輩たちは見てるんだね。真打ち披露の七十日間、全部アタシだったからね。小三治師、圓窓師……。アタシなんかこの世界に入れさせてくれてありがとう。先輩たちと接して、落語を教わり、失敗を続け、お客さんに喜んで貰い、「つまんねえぞ」っていわれて、生きていくわけでしょ。それはもう、ありがたい世界に入ったなと。落語家はアタシにとって一番向いてる職業だった。

よく落語界は相撲の世界と一緒だというんですよ。「何で」っていったら、弟子を育てると親方じゃないですか、噺家は師匠じゃないですか。ところが、師匠にすれば弟子が出世するのが一番嬉しいですよね。教わって、その教えて貰った財産で活躍して、上に行くわけでしょ。ところが踊りの世界は免状を貰うのに五十万、名取りのお金を払うとか、お茶の先生、華道、お花の先生、そう

いうものはすべてお金がかかるじゃないですか。落語家は師匠に食べさせて貰って、落語はただで教わって、自分が出世しても、師匠は別に「良かったね」っていうだけで、売れたからって、別に師匠にお金を納めるっていうシステムはないじゃないですか。相撲よりもわれわれの世界は、異質な世界ですよね。

4 池之端の師匠誕生

アタシのことを池之端の師匠とはいわない。誰もいわないですよ。あっはっはっ。誰もいわない。日暮里に住んでいたときに、「日暮里の師匠」といった人も、ちらっといたかな。日暮里に三十何年いたからね。日暮里っていったら、志ん生、馬生、志ん朝の家があったじゃないですか。日暮里っていったら志ん生だもんね。だからいわないわけよ。小僧っ子のアタシが、「日暮里の師匠」なんていわれたら、志ん生師匠、怒っちゃうよね。根津には談志師匠が住んでた。今の人たちは稲荷町とか、柏木とか、日暮里とか、目白とかいわないですよ。うちの師匠(圓楽)だって、竹の塚ってたまにいう人がいるけど、中野の師匠とはいわないもんね。昔の人はそういう地名をいったんですね。だからお客さんもそれを真似して、文楽師匠が高座にあがると「黒門町っ!」ってかけ声をかけた。「待ってました! 足立区民生住宅の師匠っ」って、厭だよ。「家賃、千二百円」って、厭だよ。あっはっはっは。

池之端の師匠っていいね。いいですよ。「池之端、好楽師匠」って、そこまで浸透していないっていうこと。自分がまだ未熟なんだね。大物は「池之端」でいいんですよ。大物じゃない証拠ですよ。名人の圓喬は「住吉町の師匠」って。呼び方もそうですが、落語も時代、時代で違ってきています。つまりね、落語家が少なかった。昔は三百人いなかった。今は九百人。地名で呼ぶような感じじゃなくなったんじゃないですかね。色々なところに分散しちゃったから。もしかしたら、千葉から通う人もいるからね。埼玉や横浜から来る人もいるから、だから町名でいうこともなくなったんじゃないかな。

アタシはつとめて古典落語の名前は、今時の言葉を出さないようにしてますね。あえてその言葉を大事にしたい。いい言葉あるじゃないですか。たとえば木漏(こも)れ日とか、せせらぎとか。そういうのをよく歌の世界で、良い言葉ですねって。言葉の響きがいいじゃないですか。そういうものは絶対に大事にしたいですね。それを意識しないでやったら、落語家じゃないんじゃないですか、絶対。「大家といやあ親も同様、店子(たなこ)といやあ子も同様」じゃあ駄目なんですよ。「大家といやあ親も同様、店子といやあ子も同然」。同様と同然にわけなきゃあいけない。

「たらちね」でね、「鶴女、鶴女と申せしが、それは幼名、成長の後、千代女と申しはべるなり」それを清女といった人がいたんですよ。清々しい清。

「駄目だよ、それ」

「そういうふうに師匠に教わったんですけど」

「それ駄目、間違い」

鶴女だったら千代でしょ。鶴は千年生きるんだから千代でしょ。清じゃおかしいでしょ。それをなおされている人を聞いて、「ああそうか、間違いないな」と、聞いて盗んで覚えることもあるんですよ。その小言のなかで、こうやって大きな声でいっちゃあ駄目だよ。さり気なくうちに帰って、くすっと笑うのが落語の世界。がっはっははっていうのは、落語じゃないんだよという説もあるからね。何かひとりだけ喜んで、「あの師匠の話、あそこおかしかったな、くすっ」というのが落語の世界。がっはっははと笑うのは意外とそうでもない。印象に残ってない証拠ですよ。印象に残っているのは、自分の世界だから。「あのくすぐりおかしかったな、あの師匠の顔で、あの声。今日は本当にいいものをいただいて帰ってきたな」って。「お酒がうまくなった」。そういうのが名人の藝ですよ。あっはっはって笑わせればいいもんじゃないよ。

落語は自分の世界を作る仕事です。好楽しかできない仕事、最初からじゃないですよ。歳取ってきて波瀾万丈。世間じゃあ、アタシのこと波瀾万丈とは思っていないけど、自分にしてはね。両親を亡くし、兄が急死したりするじゃないですか。一番苦労する部屋代、家賃の苦労はしなかったよ。あとは全部、かあちゃん任せだもんね。石神井公園の都営住宅から、やっとマンション住まいになったときは、全部かみさんがやってくれた。ローンを組んで、アタシ自身はずっと家賃の苦労はしてない。この家も彼女が現金で買ってくれた。高座もずっとありましたね。寄席は勉強の場所ですからね。人の噺も聞けるしね。人の噺を聞かないと駄目ですからね。「何でこの人は面白いのか」

「何でこの人は下手なのか」、そういうのも分からないと。寄席はありがたいところですよ。修業の場所ですからね。人形町は前座だけだったけど、目黒とか、東宝名人会、上野鈴本、池袋演芸場、新宿末廣亭、浅草演芸ホール、全部ありました。

歳取ってくると、寝ているウチに出てくるんですよ。「アレ、この噺、何だっけ」「あっ、これ、そうだ、しばらくやってないな、これ今日やっちゃおうかな」。寄席でやると、弟子が「初めて聞きました。あんな噺やるんですね」。そのときにやってなかったら、出来ない。拙いながらも真剣だったから。覚えてね。苦しんだ。「若い時には苦労しろ」というのは、そういうことだったんだね。若いうちに楽をしたら、よくないもんね。

「あいつらよく酒飲んでいるのに、よく三人会やっているな」っていうのが、楽屋雀のお褒めの言葉かどうか分からない、「あんなに酒飲んでいるのによく落語を覚えられるな」っていう考え方。時間を作って覚えてるんだから。三年間六十席、三人で百八十席、新ネタを出した。

ウチの王楽とかみさんが、アタシが人前で稽古したのを見たことない。「どこでやっていたんですかね」。頭でやっちゃうからね。言葉に出してやるタイプじゃないんですよ。圓生全集を読んで「あっ、そうか」「何だっけ」って。アタシは一回で成功しようと思ってないから。絶対一回はすべる、とちる、ど忘れする。それを積み重ねないと稽古じゃない。アタシのお客さんはいい迷惑ですよ。「またかよ。しっかり稽古してこいよ」

お客さんの顔で分かる。年中来るお客さんは、「しょうがねえな、あいつは」という顔だけど、来てくれるんですよ。「しょうがねえな」といいながら、来てくれる。

5 師匠・圓楽から学んだこと

師匠に選んだ圓楽は意外に視野が広い人なんですよ。落語家は落語をやって受けていればいい、自分のファンだけを大事にすればいいとか、そういうことじゃなくて、落語家はこうあるべきだとか、みんなを引っ張っていくにはこうしたほうがいいとか、事実そういうふうにやってきた人だから。それで星企画(圓楽の事務所)というのを作ったときに、アタシも関係ないのに、正蔵の弟子で圓楽の弟子でもないのに、そこにすっとタレントとして入るというのも、師匠が好きだったからですね。選ばれて、笑点メンバーになったのがきっかけで、アタシのことを凄く気にしてくれていましたね。師匠が「笑点」に戻ってきてしばらくたったら、アタシが「笑点」を降りまして、それで四年間の空白があって、師匠は、「必ず戻って来い」っていったけど、司会者はそんな権利はないじゃないですか。一旦降りたのをまた使うということは、あり得ないじゃないですか。

師匠がわざわざうちのかみさんのところまできて、うちのかみさんを口説(くど)いて、「お前さんの力で、あいつをもとに戻してもらいたい」っていった。

「あの人は強情だから、一回はずされたらやらないですよ」

「そこは何とかやってくれよ。君の力で」って、凄い興奮していったというから。「それで師匠、帰っていったわよ」

わざわざウチまで来て、「ええっ、わあっ。師匠にそんなもったいないことをさせちゃったんだ。じゃあ」っていうんで、考え直しまして、また復帰したんですね。

かみさんからでしたが、圓楽師匠からは直接何も聞かないです。やりとりも何もしない。話し合うことも何もしないで、うちのかみさんにいって、アタシが「うん」っていっただけで、復帰だもん。内密の話をして、こうなるっていうことがなきゃ、おかしいですよね、一般的には。何もない。うちのかみさんに「まかせたよ」って、それでおしまい。圓楽師匠の大きさ。落語家は他に一杯いらっしゃるのにね。一回辞めたのを呼び戻すという力が働く師匠の凄さね。たぶん日本テレビ、「笑点」側はいわないけど、大きな師匠の意見がはいったんだね。スポンサーも口説き、スポンサーも権利がありますからね。「あの人を入れてほしい」とか、「あの人は気に入らない」とか、必ずいいますから。それを口説いて、「あいつを四年ぶりに戻す」ということをやったのか。そうしたら凄いことだよね。今考えれば、非常にありがたいことだったんですね。そのときに戻らなかったら、戻ったらとの差は大きい。うちのかあちゃんが、「今、こうやってあるのは師匠のおかげ。師匠のおかげ」って、ずっといってました。「うちらみんなこうやって暮らせるのだって」と、そういう感謝は持ってましたね。師匠のお墓参りは、アタシとかみさんと王楽、三人でよく行きましたね。

師匠、圓楽から学んだことは、たとえば「噺家だから、外国旅行に行ったら、ただ帰ってきて、

『外国旅行に行った』じゃ、駄目なんだよ。そこに行ったときの情景をお客さまの前で発表し、面白く、おかしくするから落語家なんだ。『行ってきました』だけだったら、そんなお金使って行くことないんだよ。タイに行こうが、イギリスに行こうが、イタリアに行こうが、ニューヨークに行こうが、何かあったんだというのを作んなきゃいけないんだ。真実がそこに必ずあるんだから、真実を面白おかしくやるのが、語り部なんだから。旅に行って、『帰ってきました』じゃないんだから。行ってきて、『面白かった』じゃ駄目なんだ。『面白かった』で終っちゃあ、駄目なんだよ」

師匠のおっしゃる通りだね。

「こないだ行って来たんですよ。驚きました。みんなアメリカ人なんですもん。あたりめえじゃあねえか」

そういうのを作れば、まくらになるじゃないですか。ひとつの自分の財産になるじゃないですか。なるほど師匠はすごいいいことをいってくれたなと思った。

師匠は、「アタシは落語家がライバルじゃないよ」って、いってました。「アタシのライバルは美空ひばり、高倉健、長嶋茂雄だよ。分かるね、意味」

その意味分かります。視野を広げて、人を納得させて、喜ばせて、感動させるのは落語家だけじゃないんだよ。美空ひばりだよ、高倉健だよ、長嶋茂雄だよ、力道山だよって、そういうことですよね。感動させる。それは同じですよね。どんな職業でもね。

実際には、ライバルは談志、志ん朝とね。でもいわない。そういう小さいことは、人間は駄目なんだ。小さいところで固まって、ライバルを作っちゃあいけない。もっと大きく見ないと駄目なんだ。

それから、「人にご馳走（ちそう）になるのはやめなさい」って。お客さん、お旦（だん）、そういう人に「ご馳走になったら駄目だよ」って。もし一回ご馳走になったら、すぐに、逆にご馳走して、「お返ししなさい」って。それは志ん朝も、談志も絶対にあり得ない。師匠の圓楽だけの言葉。後援会の会長をはじめ、みんなお歳で働いていないんですから、口ではいいませんよ、裏に回って払って、みんなで楽しく騒いで、お帰しする。だって七十七歳だよ、楽隠居させてくれっていうんだ。ウチの娘は働かせるんだよ。ひどいじゃない。あっはっはっは。鬼のような娘。あっはっはっは。鬼のような妻から生れた、鬼のような娘。あっはっはっはっは。笑ってますよ、二人で。

アタシのライバルは師匠の教えと同じ。「あの人に負けたくない」というような、そういう小さいことをいっていちゃあ駄目なんだ。自分を磨け、自分を磨いて本を読み、人が五回稽古したら十回稽古すればいいんだよって。その上をいきゃあいいんだよ。師匠みたいに、ぽーんと上に行くんじゃなくて、兎と亀じゃないけど、コツコツやっている人を見ていたら、最後はコツコツやっている人が勝っているんですよ。事実、間違いなく。これだけ長く喋れる職業は、決して慌（あわ）てちゃあいけない。背伸びしちゃあいけない。だから藝だけじゃなく、人間も磨けということ。人間を磨くのが一番大変。それは先輩たちの行動を見て、先輩たちはこういうところがちょっと駄目だな、こういうところが嫌いだな、全部尊敬したらおかしいでしょ。師匠、圓楽だっておかしいところがあるんだから。林家正蔵だって、何か欠点があります。そういういい人たちの欠点をすべて見てきたから。だからアタシはこれをやっちゃあいけない、こうしたほうがいいって、凄いお手本が一杯。名人、上手、スターのお手本を見てきたんですもん。そういう人たちも必ず落ち度がある。これだけは気を付けようとか、こんなの厭だなとか。どこの一門もそうだが、弟子は師匠のその悪いところだけを真似する。みんなそう。そういう師匠の弟子になったら、悪いところが身についちゃうんだ。残念なことにね。ただ、圓楽、談志の凄いところは、圓楽は圓生そっくりだったそうです。若いうち、談志は小さんそっくりだったそうです。誰がいったのか、お客さんがいったのか。

「あんた圓生師匠、そっくりだな」「あんた小さん師匠、そっくりだな」

「えっ」

自分は気がつかない。これはいけない。師匠の物真似、師匠の上にいけるわけがない。同じことをやっていたら、越えられない。それで二人はがらっと変えたんです。そのときの声を知らないんです。圓楽師匠が圓生師匠そっくりだと、談志師匠が小さん師匠そっくりだと、その時代をアタシは知りません。こっちはいきなり、ああなったのだと思っちゃうじゃないですか。その前があったんですって。それを乗り越えるわけ。みんな戦うわけですよ。ああ、やっぱり師匠の真似になっちゃうんだな。どうしたって教わった人というより好きな人に、そこが好きで入ったんだから、似ちゃうに決まっているんですよ。それを乗り越えないといけない。

正蔵師匠のところに入ったときに、アタシは「似てる」といわれた。「一眼国」っていう独特な噺は、師匠そっくりですね。師匠の藝に惚れちゃっているから。師匠も好きだけど、藝に惚れちゃっているから、そうなっちゃう。変えられない。師匠のやりかた通りやっていますね。ある程度になれば、アタシのものになっているんじゃないかなと。そこがアタシの暢気なところなんですよ。変えよう変えようとすれば変わるんだけど、だけど絶対変わっていますよ。師匠に教わった通りにやっている積もりでも、どこか違いますよ。「この歳になればそうなるんだな」って思って、別に焦りもしませんけどね。

林家が一番だけど、一番世話になったのは扇橋師匠、志ん朝師。それと兄弟子の文蔵師、ネタの数が滅茶苦茶多かったから。覚えたら志ん朝師のところに行けと、「オレも志ん朝師から教わったから」と、「抜け雀」を志ん朝師のところで稽古し直した。そういう経緯があるんですけどね。

林家正蔵師匠が典型的な三遍稽古で、分かんないところは兄弟子に教わったりね。

「ここんとこ、わかんないんですけど」

「そこんとこはこうやるんだ」「ああやるんだ」

そういう覚え方。テープがやっと出始めた時代で、まだ誰も使い方も知らない時代だから、じっと正座して、師匠の噺を頭に入れる。それは簡単に覚えられませんよ、三十分の噺を初めて聞いて。昔はみんな貧乏だったから、稽古しかなかった。稽古したら、いつかは花が咲くと事実、思ってましたから。本当に稽古した人が最後は上にいって、指導者になるわけだから、稽古だけを怠けないでやった。寄席で聞いているから、覚えるというのもありますね。年中寄席にいれば、聞いているから、歌と同じで、自然に覚えちゃうじゃないですか。歌は短いから覚えやすい。リズムだからね。噺は語りだから、それを覚えるのは大変だけど、「あっ、この噺好きだな」と思ったら、すぐに覚えちゃう。いい間違えたときには、志ん生全集、圓生全集、正蔵全集、それぞれあるから、それぞれの全集で見て、「ああ、漢字でこういう字を書くのか」と。あとから何か気になるなと思ったときに「ああ、こういうことだったのか」と。そういうことはある。

噺家が学ぶのは全部耳からです。一度で覚えるような器用な人もいますけど、覚えない駄目な人も一杯います。「まだ覚えねえのかよ」「しっかりしろ」。それでやったら凄いいいものができあっちゃったりね。やっぱりこの人、持っているんだなって、びっくりしたことがある。不器用な人なんでしょうね。覚えるのに時間がかかる。できたものは自分のものになっていましたね。どんな世界でもそうです。「えっ、何、この人が、この噺をやる?」。落語が好きだから、凄い興味を持ちます。「へえっ、その人がやる?」それがまたいいんです。それが楽屋にいる喜びですね。

6　師匠・圓楽を怒鳴りつけた話

師匠、圓楽が寄席若竹を建てて、正月になると、わっとお客さんが来る。あるとき師匠が機嫌が悪くて、正月に来なかったんですよ。みんな、「えっ、師匠が来ない」って。お客さんだって、「圓楽師匠は、何時に入る?」「いつ出番?」って、わいわい騒いでるんですよ。鳳楽さんも、楽太郎も、圓橘も、「しょうがない、どうしようか」って。アタシがぶち切れて、こういう穏やかなアタシがぶち切れると怖いんですよ。師匠のところに電話した。

「おかみさん、好楽です」

「はいっ」

「おめでとうございます」

「おめでとう」

「師匠、どうしてます」

「きょうは厭だって、寝てます」

「ちょっと出してください」

「でも」

「いいから出してください」

師匠が出てきて、「はーいはい、圓楽です」。

「師匠っ」

「何んだい」

「(大きな怒った声で)客が怒っていますよ、師匠。圓楽は出てこないのかって。師匠、何考えているんです」

「だってお前、気分が悪いしさ」

「いいですか。必ず来てくださいよ」と、がちゃんと電話を切った。

そしたら紋付き袴で来たよ。あっはっはっは。にこにこ笑いながら、「好楽に怒られちゃったよ」って。やはり嬉しかったんですよね。そういうふうにいわれると弱いんですよ、あの人は。自分が悪いと分かっているから。誰かのきっかけでね。あたしに怒られちゃったと、アタシが弟子だから、おかみさんにいわれたら、面白くないんですよ。弟子にいわれたってことは、もう嬉しかったんじゃない。アタシも、もうぶち切れたもんね。

「ふざけんじゃねえよ、師匠っ。待っていますよ」がちゃんで、紋付き袴で来て、「あたしの出番は?」。照れくさいもんだから、オレの顔なんか見やしない。あっはっはっは。そういうことがありましたよ。何で来なかったのか。やっているうちに疲れちゃって、孤軍奮闘だから。弟子にまかせているわけいかない。全部自分で建てた寄席を自分で満員にして、インタビューも来るし、客が少ないと自分のせいになっちゃうから、やっているうちに。何年か経った正月。二、三年かな。いつもの正月は必ず来るんだけど、三年目の正月だったと思うけど、弟子が電話したら、おかみさんが「うちの人、今日は気分が悪いから、休ませてください」。

「師匠が来なかったら、この寄席は寄席じゃないんですよ。絶対に来てくださいよ」がちゃん。そりゃそうだよね。自分が建てたんだから、自分で責任を持てよ。本当に借金が大変だったら、「借金コンクリート、がははっ」なんてギャグはいえない。それが物語っているわけですよ。嬉しそうにいってた。嬉しそうにいうってことは、大借金していないということですよ。

うちのかみさんが「お父さん怒っているから、そばに行っちゃあ駄目」っていうのは、意味が分かる。すごいおっかない。一番上の弟子の好太郎だけが、アタシが怖いって、みんなにいってるの。

「ええっ、うちの師匠、怒ったことあるんですか？」

一番上の好太郎には、「誰の弟子？」っていわれたときには、「好楽の弟子」っていって、「しょうがねえな」といわれたくないから、本当にマンツーマンで、しくじるのも一緒だから「お前もしくじらないようにやろうね。オレもやるから」って。最初の弟子だから、失敗することが許されないんですよ。好太郎が前座で、お供で行くじゃないですか。

「今日、誰のお供だ？」

「志ん朝師匠と小さん師匠です」

「やめてくれよ。そんな偉い人と」って。それが師匠の気持ちでしょ。何か失敗したら、「誰の弟子？」っていわれるのは決まっているから。「好楽、教えてないな、あのバカ」ってなっちゃうじゃない。志ん朝師匠が、「よくやったね」って、お小遣いをくれたって。「はまったんだ。よかった」って。そういうもんですよ、弟子っていうのは。笑われるのは師匠だもんね。そういうのをマンツーマンでやってきたから。好太郎は「師匠は怒ったら怖いよ」っていうのを肌で感じているから。他の弟子は、全然怒られたことがないから、「師匠、怒るんですか？」「お前、何も知らないんだな、バカ野郎」。あっはっはっは。

師匠圓楽は絶対だから。自分のいうことは、弟子は絶対だから。きかないといけない。圓楽師匠は逆に隙間に、ぽーんとなったら、「そうか」ってなっちゃう人だから。すごい、いい人なんですよ。そういう意味では大好きなんですが、自分が悪かったことをすぐに認めて、「好楽に怒られちゃった」って。あっはっはっは。おかしかった、あのときは。お風呂に入って、髪も整えて、髯も剃って、紋付き袴で、タクシーで来たんですよ。「アタシの出番は、何時だい？」。オレの顔なんか見ないんだよ。

師匠、圓楽が亡くなるとき、王楽が前の日に「師匠、これから仕事に行ってきます」っていったら、口もきけない状態で、王楽には手をぎゅっと握ってくれたんだって。その何時間後かにアタシが行って、師匠の手を握ったら、握り返せなかった。そのすぐ後に亡くなったんですね。アタシが最後の握手でしたね。

師匠に圓楽を選んだのは、前座のときから可愛がってくれて、うちのお袋が「圓楽さんって良い声だよ。面白いよ」って、いったのがきっかけで。師匠を選ぶときには落語界も色々と知っていて、計算はなかったですね。落語協会をやめたときに、落語協会の楽屋では、「何で大企業から町工場に移るのか、それがわかんねえよな」っていったのを聞いて、「へえ、そんなこと思うかよ。何とも思わねえ、こっちは」って。本当に思わない。そんなこと。アタシは落語協会っていう師匠に弟子になったわけじゃないもん。アタシは落語協会にいた林家正蔵の弟子だもん。師匠の圓楽は落語協会をやめて、圓生一門で独立したでしょ。そんなのは個人のことだもん。みんな協会の弟子じゃないんだもん。考え方がおかしいですよ。だからといって、不都合なことはひとつもなかった。落語協会にいたら、もっといいことあったのかなとみんな思うじゃない。全然そんなこと思わないもん。圓楽一門に入って、アタシなんか一番得したほうですよ。こういう考え方だもんね。

よくいわれるのは、寄席に出られない。そんなの全然。自分で作ればいいんだよ。オレ作っちゃったもん。あっはっはっは。「悔しかったら、建ててみろ」って。みんなここで稽古するじゃないですか。人間ですよ、人間。小さん師匠のところに挨拶に行ったら、「いいよ、いいよ」って。いやに簡単に引き受けてくれたと思ったら、弟子が、「師匠のところに来たんじゃないんですよ。圓楽師匠のところに行くって来たんですよ」っていったら、小さん師匠は「えっ、オレんとこじゃねえのか」って。勘違いを正すために二回目に行って、「そうか、分かった、分かった。向こうへ行っても気を付けて、頑張ってやんな」。それしかいわなかったけどね。自分のところに来るもんだと思っていたらしい。

それはみんな口でいいますよ。圓歌師匠でも、「いいじゃないの」。まともにアタシがいえば、「行くんじゃねえ」とはいわないでしょ。当人の意志なんだから。「いいじゃないの。向こうで伸び伸びやんなさい」って。周りの人たちはみんな。アタシが遠巻きに喋るの嫌いだから。「実はあたくし、圓楽のところに行きます」と、みなさんの前で、ひとりずつ喋るじゃない。

「ああ、いいとこに行ったね」

嘘でもみんな、そういうじゃない。「絶対この人、嘘だな」って。あっはっはっは。目を逸らして、「ああこの人、圓楽嫌いなんだな」って分かるじゃない。こっちは勝手に出ていくんだから。

師匠圓楽はね、弟子にこういってたそうです。

「あいつ何ぐずぐずしてんだよ。早くうち来りゃいいじゃねえかよ」とはいっていたんですって。それで一年後、林家正蔵の法事を終えて、「師匠、一年の法事を終えましたので、引き取ってください」と。

にやっと笑って、「そうだよな。一年の法事を終ってからだよな」と、自分が「何で来ねえんだ」といっていたとは思えない言葉で、アタシを迎え入れたから、「いっていることは違うじゃねえか」とは思ったけど。若い時分からいつも一緒で、林家九蔵で師匠のお供でずっと付いていったから。事務所の星企画にも入れてもらって、自分のところのものだと最初から思っているからね。正蔵師匠が亡くなれば、圓楽のところに行くっていうのは自然でしたね。

アタシはアタシで、絶対に法事が終ったらと決めていた。何でもそうじゃないですか、区切りっていうものがある。亡くなったからって、すぐに行っちゃうというような、先代に失礼なことをしちゃあいけません、ちゃんとお墓に報告して。そうしたら師匠がね、「何で早く来ねえんだ」っていった弟子に、「さすがだな、あいつは」って、いったんだって。そういう声が後から聞こえてきた。「そんなこといったんだ、師匠は」って思ったね。落語協会の人がみんなアタシことを心配するじゃない。「寄席もないところに行っちゃって、大丈夫かい」って。毎日毎日喋るのが修業なんだから、芯から心配してくれた。アタシは、「何でそんなこと心配するんだ」って。

アタシね、体育館だと思うんですよ。体育館って、ここでバレーボール、バスケット、柔道、全部、ひとつの館でできるじゃない。そのときに上に見るところがあるじゃないですか。バスケットのシュートするところがあるじゃないですか。あそこの上に、圓楽一門のわれわれはいると思っているんですよ。「落語協会は何やってるんだ」「あんなことやってるんだ」「芸術協会は、立川流は何やってるんだ」「上方は何やってるんだ」。全部、体育館のなかにいるもんだという考えなんです、アタシ。上だとよく見えるんですよ。失敗も見えるんですよ。「あんなことやって駄目だよ、落語協会」「芸術協会もうちょっと頑張ればいいのに」って。人ごとのように、観客の側で見ているんですよ。アタシはそういう見方できましたね。皆さんが思うほど、困難なところに行っているわけではないと、自分で思っていたから、「みなさんが心配するほどではありませんよ」って。一門が小さくても、アタシの考えはね、そんな少しのことじゃないんだ。大まかなことをいえば、上から見ると全部が見えるんですよ。上方も。立川流も。だからね、体育館だなと思いましたね。自分は体育館の一番上で見てんだなあと。歩けるじゃないですか、ぐるっと。そうやってずっと見てきました。

「アタシほど倖せなやつはいない」と、落語協会や芸術協会の仲間にいうんですよ。

「何で?」

「だって、林家の弟子、兄弟子、弟弟子、いまだに兄弟弟子。圓楽一門に行ったら、圓楽師匠のところの兄弟弟子。二つ兄弟弟子を持っているのは、オレだけだよ」

そういう考え方ってあるんだって、みんな感心してんの。

「オレ、そういう考え方だよ」

こっちは良い方にとっちゃうから。今でも林家一門とは、「一杯飲みに行こう」とか、交流があるんだよ。圓楽のところに入ったときには、もう上のほうだから、師匠の顔を立てるように、若い連中に、お囃子(はやし)さんにお金を払って呼んで、太鼓の練習をしたり、みんなに全部やってあげた。圓楽が好きだから、お弟子さんも落語協会と同じ扱いをしてあげようと、「オレやってあげるよ」って。それは師匠に対しての恩返しだから。師匠に対して、これからお世話になるわけでしょ。だから師匠の弟子を可愛がるのは、礼儀だと思って。落語協会を離れて、若い人たちは太鼓の稽古をすることもないから、お囃子さんを呼んで、「昔は太鼓を持ってきて、みんなでひとりずつ太鼓の稽古をしたんだよ」って。

圓楽師匠にも、めちゃくちゃ可愛がられて、談志、志ん朝師に可愛がられて、アタシほど恵まれた落語家はいない。兄弟子の柳朝兄さんはね、一門を離れて圓楽のところに行っても可愛がってくれたもんね。柳朝兄さんのおかみさんも。今考えたら、アタシが失礼だよね。柳朝兄さんも自分のところに来ると思ったでしょ。兄弟子のところに行かないで、圓楽のところに行っちゃったんですから。

7　藝談藝道秘話

弟子に最初に教えた噺は、兼好のときは「八九升」。三遊亭圓生師が必ず最初に教えた噺が「八九升」。アタシはやったことないんで兼好に、「これが三遊亭が、最初に教える噺だよ」っていって圓生全集を読みながら、それでやったんですよ。そしたらアイツすぐ覚えちゃった。オレよりうまくやりやがって。あっはっはっは。三遊亭の「八九升」は有名です。師匠の圓楽も、圓窓さんも、圓弥兄さんも、みんな「八九升」から始まったみたいですね。稲荷町は「穴子でからぬけ」が最初の噺だよっていっていました。「道灌（どうかん）」や「子ほめ」のところもあるし。アタシなんかは「つる」かな。オウム返しは、みんな前座噺です。「つる」は上方噺なんです。台本が十冊くらい、林家のところへ、上方から送ってきたんです。アタシが掃除して終ったら、「お前、ちょっとこれ見てごらん」。

「何ですか、これ」

「これ、上方の……さんから送られた、『つる』っていう落語なんだよ」

「扇橋師匠がよくやるやつだ」。全部、上方弁なんですよ。

「それを江戸弁になおして、やれるかい」

「はいっ、分かりました」

その日に夜の紀伊國屋の前座でやっちゃった。内容は扇橋兄さんがやるので知ってた。筋とか流れを知っていたから、「こうやるのか」って昼間、師匠のうちで覚えて、やっちゃった。まあうまい下手はともかく、ずうずうしいんだね。あっはっはっは。変な人間なんですよ、アタシ。みんな、「さっき、台本持ってぶつぶついっていたのに、やっちゃうの」って、いってました。お客さんはツボで笑っていましたが、まくらは空回りしたのを覚えてますね。まくらが一個多過ぎちゃって、「ああ、これ間違えちゃいました」って平気でいって、それから、「つる」に入ったのを覚えてますね。

噺を教えるときに、大切な部分は教えるだけ教えちゃって、あとはあげの稽古のときに色々と注意をする方が多いです。教える方は勝手に教えちゃって「やらなくちゃあいけないところは、ここだよ」ってところを、急所みたいなのは足すけど、「あとは覚えてやんなさい。覚えたらまたいらっしゃい。聞いてあげるから」。そういうほうが正しいですね。全然覚えられない人が結構最後に、いい噺に仕立ててくるんです。早く覚えちゃう人は、雑なんですよ。こうやって、ああやってと覚える人のほうが強いですね。見ていると分かります。例えば自分が覚えて、そんなに噺が面白くないと、どこかで聞いていると分かるんですよ。「これやるんだ」「オレもこうやろうかな」「こういうやり方なんだ」って、それで勉強になることもあります。だから本当にお手本がいるんですよ、いつも。楽屋から聞けるような立場で、だから不思議なもんです。前座さんだって、「凄いなこいつ」っていうのがあるじゃないですか。お手本がうじゃうじゃ、そこらへんにいるっていうのは、ありがたいですよね。まあ他の人の噺を聞かない人は聞かない。だけどやっぱり好きだから、たまに、「こんな噺、この師匠、やるんだ」と、喜んで聞いて、このときにはアタシ、客席になっちゃうんですよ。覚えようなんて気持ちはないんです。噺が好きだから。ふっふっ、こっちで笑ったら怒られるし、凄いなこの人の、この噺は。抜いているし、ああやって表現するんだ。うまいなあ。そういうのが宝ですよね。自分のものにならなくても、聞けるという。アタシがお客になって笑ってる。あとになって、「オレ、お客じゃねえか、バカ野郎」って。それくらい楽屋にいると、いいものを貰いますよね。

落語家に向いている人は、落語が好きっていうのが一番です。めちゃくちゃ頭がいい人が、覚えが早いだろうと思ってやるから、うまいかと思うが、当人が落語が好きか嫌いかの問題だからね。どんなできの悪い人だって、落語界に入って噺を覚えて、お客さまの前でやれるということが好きだっていう子じゃないと。頭の問題じゃないですね。やっぱり世間を見てきた子のほうがいい。兼好みたいにネクタイ締めて、サラリーマンやって、河岸に勤めて、自分の生きた履歴が実るわけですよ。自分に向いていたんじゃないですか。ものの見方とか、人との接し方とか、会社員で違う会社に行って挨拶したり、その人の判断とか喋り方とか、それで落語家になって。全然違いますよ。「学生です」って来るよりも。好きじゃないと絶対駄目。大好きじゃなきゃ。アタシの場合は噺も好きだけど、人間が好きだから。だからアタシ、色々な人に可愛がられましたね。アタシの身動きとか、やり方とか、アタシのちょっとした喋りが、「あいつちょっと連れて行って、飲ましたいな」。

そんな感じになっちゃうみたいね。よく息子に代を譲ったお爺さんが、ちょっと仕事なくて、孫を連れて行くじゃないですか。あれは世間の目が気になるから、「お爺ちゃんと一緒なの、よかったね」って、声をかけるじゃない。「うちの孫です」なんていって。ホントは一人でも行けるんだけど、孫を連れて行くとカタチになるから。そうすると孫は、また勉強になるんですよ。お爺ちゃんが行く鰻屋だとか、歌舞伎だとか、野球を見に行くとか。孫が全部それに興味を持っちゃうわけですよ。作家でも何でも、そういう人が多いですよ。自分の爺ちゃんが道楽者で、それが凄く自分の肥やしになって、大きくなって、大学でて、仕事をしているとき、「お爺ちゃん、こんなことやっていた」「お爺ちゃんが食べさせてくれた鰻屋まだやっているかな。うまかったな」っていって、食通にもなるしね。お爺ちゃんっていうのはいいお手本で、勉強の先生ですよ。だからアタシがうちの孫をどこでも連れて行くじゃないですか。無理して「覚えろ」って、いっちゃあ駄目。「美味しいんだよ」って、いっちゃあ駄目。勝手に自分の判断で、生きていかなきゃあ駄目だ。押しつけることはない。いろんなところに食べに連れてっても、うちの弟子にも押しつけることはない。

歌舞伎の勉強は、落語は歌舞伎の噺が多いですからね。普通の家庭の子は、歌舞伎とか寿司屋に行くとか鍋料理だとか、焼き肉なんかは最近だけど、そんなとこ行ったことない子供が、落語家になって、先輩や師匠に連れて行って貰うでしょ。それで食も覚える。落語だけじゃなく、色々な食も覚える。それで楽屋に入れば色々な師匠方がいて、いろんな話をしてくれる。人間が好きなんですね、アタシは。嫌いな人いないもん。

「お前、よくあんな癖のある兄さんと飲みに行くな」

「ボクと行くと、全然悪くないですよ」

「そうかい。オレたちひどい目にあったよ。絡まれるしさ。お前は?」

「アタシ絡まれたことない」

「そうかい」って、みんなびっくりするの。


歌舞伎というのは、もともと嫌いじゃないんですね。華やかな舞台で、うちのかあちゃんともよく行ったけど、「歌舞伎見ると、何か得した気分になるわね」っていってた。今まで知らない世界をあんな豪華な衣装と豪華な舞台で、普通味わえないものを味わった感じで、「すごく贅沢したような気分になるのよね」って、彼女はいっていたけど、「いいことというね」って見ていましたね。「基本的には映画はビデオで見ない方がいいよ」っていうことはいいます。ちゃんと映画館で、どきどきしながら、自分の見たい映画を予告編から見る。「早く始めないかな」というあれが、凄くいいんですよ。いよいよ始まったときに、宝物がそこにあるわけですよ。野球も一回から、ちゃんと目の前で見なさいって。サッカーも見りゃあ、興奮するんだろ。生のものは違うんだ。

それぞれの師匠の思い出話はありますよ。

圓生師匠が浅草演芸ホールで、仲入りだったんですよ。いい出来だったんですよ。アタシも聞いてて、終って頭を下げて、それでテテンテテンって、太鼓が入るじゃないですか。その前に、「お仲ぁー入りぃーっ」。自分が良い出来のときに温かく、「お仲入り」をやってくれる子がいて、いい気分になったっていうことでしょ。アタシもありますよ。自分は今日はいい出来だなというときに、何でもよく見えちゃうんですよね、嬉しくって。アタシの場合はすごい高い声で、それを圓生師匠は気に入ってくれたんだね。

「お前さん、とてもよーがしたよ」

「今、お仲入り、褒(ほ)められちゃった」

周りのみんなが、「お前、師匠にはまったよ」って、いってくれた。そういうことがありましたね。嬉(うれ)しかったですよ。忘れられないもんですよ。前座見習いが、太鼓叩いているのは兄さんたちで、声を出すのは下のほうの人だから。

落語家は楽屋が同じだから、圓生師匠と正蔵師匠は普通に会話してました。大人ですからね。ある日を境に、圓生師匠が変ってきたんで、正蔵師匠が「圓生さんも変ったね」っていってました。批判するようになった。圓生師匠の名人肌を鼻に掛けるような、そういう行動が許せなかったんじゃないですか。昔から一緒に苦労してここまできたのに、というのがあるじゃないですか。「仲間なのに、右見て左見て、そこにいる人が、それが変っていいものかな」とはいってました。

それは分裂騒動ですよ。「自分が一番偉い」と思って、やめていったんですよ。それを許さなかったのが師匠の圓楽で、「師匠をひとりにさせるわけにはいかない」って、圓生師匠にはそれは思いもよらなかったことだった。孤高にたったひとりで、光り輝いていたいという考えがあったんですよ。ところが世の中の考えかたっていうのは、師匠がひとり出ちゃったら、「弟子はほっといたのか」といわれるのが厭だから、圓楽も、「あたしも出ていきます」って、圓楽一門もみんな。そこへ、圓窓、圓弥、……圓生師匠のお弟子さんも。それが分裂騒動ですよ。そのときは大人同士の会話だなって、子供は見てましたね。「何があったのでしょう」みたいな、アタシたちには直接、影響はないから。影響がある人たちには、いろんな波紋を広げたもんね。談志、志ん朝も、巻き込まれてね。そのときはアタシはまだ林家の弟子だから、林家の考え方で、そのあといっちゃうわけでしょ。師匠の圓楽も圓生師匠には批判的でしたね。噺は尊敬はしてますけど。「うちの大将は……」っていうのはありました。林家のほうが好きみたいね。圓楽は林家から貰ったんだもんね。三遊亭圓楽(三代目)、蝶花楼馬楽(五代目)、林家正蔵(八代目)、林家彦六。

本当に林家のことを好きみたいでした。談志師匠も林家のことを好きだった。話をするとこうやって返ってくるじゃないですか。質問してもすぐ返ってくるじゃないですか。談志師匠は「すげえな」っていう気持で、接するんじゃないですか。そういう話は圓生師とは一切しない。談志師匠はそばにも寄らなかった。嫌いなんだろうね。自分の肌に合わなかったんだろうね。それでいて、圓生師匠のネタをずっと録音していたんでしょ。圓生は勉強のために噺は聞かなきゃいけないというのは、自分でも分かっているんですよ、嫌いでもね。アタシも全部、圓生師匠の噺は知っていますよ。それくらい圓生師匠は凄かったですね。天下人だから、何かをいうとか、そんなことは考えもつかないですね。一緒にハワイに行って、一緒にお酒を飲んだりして、ご機嫌な圓生も見てきたしね。日頃はぶすっとはしていませんでしたね。「巨人勝ちましたね」っていったら、「よおがしたね、長嶋は」とか。野球は好きだったから、そういう話はしましたね。「よおがした」というのは面白いですね。圓生師匠が楽屋で喋っていることは、凄く勉強になりましたね。「子別れ」の圓生師匠のあそこが大好きで、ずっと今でもやっているんですけど。やっと自分の息子に会えた、息子がそっちのほうに、おっかさんと住んでる、様子も聞いた、それで別れるときに、「こっちを向いて駆け出すんじゃねえよ。お前が曲がるまで待ってるんだから。分かった、分かった」。入ったな、よし見送った。そのとき自分に返って、大きくなりやがったなって涙ぐんで、そういった途端に、「おっかさん、ただいま」「何をしてんだい、この子は」「どこをうろちょろしてる。おっかさんのお手伝いしなきゃ、困るじゃないか」。場面転換がめちゃくちゃうまい。いまのところが、アタシは大好きで、使っているんですけどね。あの演出は凄いな。いろんな演出の話をしましたけどね。凄い参考になりましたね。みんな色々な演出をしているけど、圓生師匠の演出は本当に正しいなって、絶対的なものでしたね。こっちは盗み聞きですよね。「凄いっ、ああそうだ、まったくそうだよ」って。自分がその演出を納得しましたもん。噺の数も凄い数ですよ。新作の宇野信夫さんの作品なんかも、めちゃくちゃいいですよね。あれはちょっと凄いなと。（正蔵の物真似で）「圓生さんはわれわれには出来ない噺があるからね」って。それは「豊竹屋」です。義太夫の噺をさせたら、天下一品ですから。当人は義太夫語りだから、義太夫はお手のものだから。それが入る落語だから「豊竹屋」は見事でしたね。そういうものがあるって、林家はいってましたね。

林家も凄い噺の数でした。三十席十日間、名古屋の大須演芸場からいわれて、当時、落語ブームだったんですね。林家がトリ、一部、二部、三部、一日に三部やるの。「三十席、全部、ネタ変えてください」って。アタシは入ったばっかりだから、師匠があらためて、ネタを書いてきたから、「この三十席、師匠、何ですか?」っていったら、「大須さんでやってくれっていったから、やって帰ってきたんだよ」

「えーっ、一日三回やるんですか」

「一日三回公演だよ」

超満員だったそうですよ。ウハウハですよ、足立社長。それで味をしめちゃって、落語は儲(もうか)るな、現金商売だなと思って、そこで舞い上がって、それであの人は駄目になっちゃう。そういうもんだと思っちゃう。もうやめちゃったけどね。超満員だと思ってたら、客が三人か四人しかいないんだもん。売り上げをわしづかみに持って、みんなを連れてキャバレーに行くのが好きだった。全部現金だもん。面白くってしょうがないよ。毎日毎日、札束が入ってくるんだもん。

トリネタが三十席というのは凄いですよ。うちの師匠は凄い人なんだなと思いましたね。その後ですよ、文部省芸術祭賞、文化庁芸術祭賞、芸術選奨文部大臣賞、総なめ。全部、林家が持ってっちゃいました。そのたびにお祝いで届くお酒をアタシは飲まなきゃならない。お祝いだから。あっはっはっは。

正蔵師匠は勉強家ですよ、年中新作も手がけてね。できるのは三百席ぐらいですよ、限界ですよ。

圓生、正蔵は三百近く持ってたんですよ。小さん師匠も黒門町も、ネタ少ないもんね。志ん生師匠はネタは一杯あるけど、もうその頃にはやる気力がなくなってた。だからもうその二人だけにかかっていて、もう大変でしたよ。ＴＢＳの専属でしょ。ＴＢＳばっかりで、ＮＨＫの全国放送にでたいって、だんだん歳取ってきて、ＴＢＳの専属をやめて。それでＮＨＫをやったら、ＮＨＫは「待ってました」とばっかりに「放送お願いします」「文七元結」お願いします。「一眼国」お願いします。殺到しましたね。

「師匠、ＮＨＫの……さんです」

「ああ、そうかい」

アタシがずっとかかってくる電話に出て、凄いですよ。テレビの人は、何か分からないことがあると林家に聞きにくるんですよ、ラジオ局も、新聞社も。

その人の噺によって物凄いものがあるのは、一杯ありましたよ。小さん師匠が亡くなった途端に、ＮＨＫが小さん師匠の「笠碁」をやったんですね、ＮＨＫが六つぐらい持っているんですね。そのなかでいいものを亡くなった直後に出したんですよね。アタシが聞いてて、「凄いなあ、すごいなあ」って、物凄く思って、談志師匠に会ったときにいったんですよ。

「談志師匠、こないだ、目白の『笠碁』を聞いたんですよ。完璧ですね」

「そう」。向こうも、認めていましたよ。「間違えねえな」

当人も聞いてるんですよ。「一番いい『笠碁』だよ」

ああ、小さん師匠は名人だなと思った。志ん生の「らくだ」とか。「火焔太鼓」と、みんな持ってるじゃないですか、凄いものを。黒門町の「船徳」や「寝床」なんて、真似ができないじゃないですか。そういうのをみんな見てきたでしょ。

一般の人が感じる名人とは、全然違う。客の目線と落語家の目線は全然違います。たまに客と同じ目線のときもありますけど、全然目線が違いますね、アタシたちとお客さんと。それでいいんじゃないですか。みんな上手になっちゃったからね。師匠の林家がいってました。「昔の人より、今の人のほうがうまいね」って。そうしみじみいってました。昔はうまい下手が分かっていたような、天狗連みたいなのがいたんじゃないですか。ワキでもってしゃべって、高座に出るとぜんぜんできなかったような、そういうのを見てきたから。覚えるのにテープができて……、やっぱり手作りというものと機械作りとの、今の生活やリズムでいうと、手作りの落語と機械で作る落語っていうのと。映画もそう、映画も今はＣＧだとかああいうものを作っちゃったら、俳優はどうやって演技すればいいんですか。主役はいいですよ。たまに出て何億円貰えば。エキストラだって仕事なんだから。こないだ新聞見てたら、収入がゼロなんだって。どうすればいいの。「便利になったことが意外と不便なんだな」と、アタシはいつもいうんですよ。何でもある。うちにいなくても洗濯ができる。うちにいなくてもお皿を洗って貰える。いいことですか、これ。

これから旅にでる。「どこからが一番早い？」「あそこから乗って五分後にアレが出ますから、そこ行くと目の前に駅がありますから」って、誰がそんなこと嬉しいと思いますか。旅ってそういうものじゃないでしょ。色々なことを考えながら、「あっ、行っちゃった」「惜しかった」って、そういうのが人生でしょ。人生を何で型どおりに行こうとするの。そんな忙しない人生でいいの。もったいない。自分の人生。「いいんだよ、勝手に行くから」ってアタシはいいますよ。うちの娘でも、計算して「ここに行くとこれに乗って」っていいますよ。オレ聞いてないもん、ほとんど。

「分かった分かった」

　間に合えば良いんだから、人に迷惑かけなければいいんだから。どういう人が乗ってくるのかとかね、この人はせわしないな、一斉に駆けだしてとか、足が挟まったりして、「乗って良かったな」とか。そんなことをやるのが日常茶飯事のことじゃないですか。何でそんなにうまくいくことがいいことなの。へましたっていいじゃないですか。アタシなんか弟子と一緒にいると、「師匠来ましたから」って、「すみません、師匠、この便じゃなかったんです。この後でした」

「いいじゃねか、乗り換えりゃいいんだから」

「えっ、すみません」

「大丈夫だよ、乗り換えりゃいいんだよ。別に焦ることはないんだよ」

　そんなことで怒りゃあしないよねえ。わざと間違えたんじゃあねえんだから。真剣に間違えたんだから、いいじゃあないか。この後に来るんだから。

「すいません、師匠」

「いいんだよ。そんなもんなんだよ、世の中は」

スマホばかり見て、「お前こいつに操られてるんだよ」。わかんないんですよ。この機械野郎に操られてるんですよ。銀行だって、間違いはあるはずですよ。でも行員は「うちは間違いはありません」って、いわないといけない。間違ったっていいじゃない。そんなガタガタいうことはないよ。もっと気持を大きく考えてみたら。怒っているのは、他愛(たわい)ないことばっかりだ。

人間の磨きかたは自分の心と戦わないといけないんですよ。楽しようとすると、その方に走っちゃう。みんな楽しみたくて生きてるんだから、だけど歳取ってくると、その楽がちっとも生きてないんですよね。昔の人はよくいうじゃない、「若い時に苦労したら、歳取ったら楽になるんだから、無理しても若いうちに苦労しなさい」って。それは当たり前ですよ。前座のときが一番大事だよって、その三年間を無駄にしちゃあ駄目だよって。すべて自分に返ってくるんだから。落語家が落語を覚えるのは当たり前。うまい下手なんてどうでもいい。もっと大切な、心で喋んなきゃあいけないんだから。だから圓朝は、山岡鉄舟に「舌で喋ってるんだろ。心で語らなければ噺は死ぬ。お前は舌を取れ。そんな落語家は認めない」って、圓朝は無舌の悟りを開き、それで無舌居士という号を貰った。

見る人は見ている。うまいなんていったって、高がしれてるんですよ。もっと心から、何がテーマかといったらね、本心のいい部分がでるかでないかでしょ。「おれの噺で感動しただろう」っていったら、もうおしまいなんです。それは自惚(うぬぼ)れているだけ。たしかにうまい、うまいけど単に喋っているだけ、「心で喋っていない、あんたは」っていいたくなるね。弟子にもこのことは喋る。それでやる気の出てきた子はここ(池之端しのぶ亭)で年中、会をやってますね。それに気がつかないで、まだまだその境地になっていないと自分でも心得ていますから。やる気のある子は、目もやる気のある情熱に変わってきますから。見ていれば分かります。態度や言葉が変ってくる。この商売深いし、長いじゃないですか。だから、その道のりについていけるかどうかですよ。楽しようと思えば、来た仕事だけをこなして、やっていけばいいんだから。ある程度お金が入れば、それでいいんだもんね。人間ってそういうもんじゃないでしょ。何か残さないといけない。弟子もそうだけど。

落語家というのは職人藝ですよね。アタシは職人藝だと思います。藝術じゃない。林家正蔵に学びました。師匠は嘘偽りのない人生を送っているなと思いました。まっすぐな人だったから。義理人情は大変に厳しく、お世話になった人へのお礼は自分でひとりで行く。アタシもお世話になったところには、弟子に任せません。全部自分で書いて、そうじゃないと気持ちがすまないですよ。噺も教わったけど、そっちのほうが大きかったですね。人間としての生き方、正蔵の生き方にアタシは感動を覚えました。生き方は何の抵抗もなく学びました。言葉でいうわけじゃない。まったくそれがない。「こういうふうにやるんだ」

理想の落語家は正蔵師匠、そっちの真面目さはかなわない。小さん師匠も似てますね。意外に圓楽師匠も似てるんですよ、正蔵師匠に。自分の師匠の圓生よりも、正蔵が好きみたいなところがありましたから。「稲荷町、面白いね」とか。「稲荷町、こういったんだよ」とか。やたらに、正蔵師匠のことといいますもん。

正蔵師匠を選んだのは、アタシの運の強さですよね。

二人目の師匠の圓楽師匠も似ている。まったく似てないように見えるじゃないですか。売れたし、スターだし、いっていることは志ん朝師、談志師、圓蔵師より、飛び抜けてました。東京落語四天王でも考え方が違う。厭な部分もありますよ。でも、その奥にある大きなものに気付いていた。出会ったときから、圓楽の大きさが分かっていた。林家も五代目も深いですよ。

何で五代目は楽太郎に圓楽を継がしたか。師匠はいわないよ。あの師匠の気持ちはすごくよく分かる。師匠は楽太郎の了見を知っているから「このまま私が死ぬと、あいつは何をしでかすか分からない。生前にこいつに継がせよう。そうすれば、やんちゃなことはしないだろう。おれの名前を継ぐんだから」。

《二〇〇八年八月、楽太郎が還暦を迎える二年後の二月に、六代目圓楽を襲名することが発表された。五代目は、本名の吉河寛海を隠居名前にするつもりだったが、二〇〇九年十月二十九日に死去した。》

当人はいってないよ。アタシは見抜きました。だから、楽太郎に圓楽を継がせるっていったとき、アタシたち、「どうぞ、どうぞ」ってね。誰も文句をいわない。鳳楽兄さんも一番上の兄弟子でしょ。圓橘さんもアタシも、楽太郎より上でしょ。三人上にいるのに、自分の名前を継がせるという。

根拠は分かるでしょ。アタシなんか手に取るように師匠の了見が分かった。あっはっは。やんちゃで、暴れん坊で、自分のことも尊敬してないっていうのを、そういうのを見抜いてますから。圓橘さんや鳳楽さんには分からないだろうが、アタシにはすぐ分かった。生前に自分の名前を継ぐ人なんて、世の中にいませんよ。落語家であり、落語家じゃない感じを持ってましたね。

ある雑誌記者が、「師匠のネタはいくつありますか?」と訊いたら、「無限ですね」っていった。その時はみんな、法螺(ほら)だって笑ったんだけど、「いわれたやつをやれないような落語家は駄目だよ」って、「これお願いします」っていったら、引き受けないと。それでアタシは師匠の心を読み取った。そういうのを世間の人は読み取れない。アタシに頼むというのは、その人がアタシの噺を聴きたいっていうことでしょ。聴かせてあげたい。テレビやラジオだったら、そのプロデューサーが、「やってくださいよ、あれ」って、それをアタシに期待するわけでしょ。それでできないっていうのは、プロとして恥ずかしいことじゃないのということ。ということを踏まえて、師匠がいったと思います。

ふたりのいい師匠があって、アタシの今日(こんにち)があるわけです。今日のアタシのこと、師匠と同じように寄席を建てたことを知らないで逝(い)っちゃったから、「よく建てたね」って褒(ほ)めてくれたら嬉(うれ)しいけど、大袈裟(おおげさ)にいうこともないし、アタシは稽古場だと思っていますから。アタシがいったのは客席と高座と楽屋が離れていることだけ。落語家は客席と高座と楽屋が離れていて、初めて緊張感が生れる。後ろの楽屋で人の噺を聴けるのだから、きょうのお客さんはこういう反応だなと分かる。

それが寄席の世界なんだから、絶対に楽屋は作らないといけない。緞帳があるのはとてもいいこと。緞帳があがって、わーっと始まって、そこに座布団があって、めくりがあり、出囃子で始まる。それがお客さんに対するサービス、寄席というものはこういうものだという。どこの寄席だってみんな同じことをやってる。うちは小さいだけだけど、お客さんは寄席に来たという気分になるじゃないですか。

8 笑点の焦点1

《三遊亭好楽師匠の自宅玄関を入ってすぐの、一番目に付くところに林家木久扇師匠から贈られた、窓から外を見ているお姫様の大きな絵が額に入って飾られている。好楽師匠が最初、「笑点」を降りたときに、元気づけるためにと木久扇師匠から贈られたものだ。細かく描かれたもので、「時間もかかったでしょうね」と、好楽師匠はいう。大切な宝物だ。この日は木久扇師匠の「笑点」の引退のことから始まった。》

もう前から決まっていてね。正蔵師匠は八十七歳で亡くなったんで、自分が今年の十一月で八十六歳になるんでね。その歳になるんで、「もう、そろそろいいだろう」って、自分で判断したみたいですね。自分判断ですよ。あの年齢で「辞めろ」とはいえないでしょ。あっはっはっは。

スタッフがうちへ来て、重大ニュースを告げた。個人個人のうちを訪ねて来て、「今度の二十四時間テレビでそれを発表します」って、前もって知らせてくれた。秘密だった。「アタシはいわないよ、お風呂屋さんと床屋さん以外は」っていったら、「それだったら全部に知られちゃいますよ」って。あっはっはっはっは。ろくなことといわない。「アタシは無口で有名なんだよ。喋るとしたら床屋とお風呂屋」「全国に知れ渡るよ」。今、床屋もお風呂屋も客は少ないんだよ。昔は客が並んでた。

木久ちゃんの「笑点」の卒業を聞いてアタシの兄貴だから、五十七年の付き合いで、かみさんよりも一番の付き合いだから、ちょっとね。聞いたときに、じーんときちゃってねえ。「あーいつもいる人がいなくなるのか」。何か目がうるうるしちゃったんですけどね。スタッフが二人で訪ねてきて、「こういうことです」って。「えっ」と思った。でも順番だから。「じゃあ、この次は、アタシと小遊三だ」といったら、「まだ辞めないでください」「もういいだろう」。アタシが一番年上になっちゃいました。大変ですよ。みんなから上納金貰わないといけない。何で貰うんだよ。あっはっはっは。

自身のことを考える。アタシも小遊三も、そろそろというのはありますよ。事前には、何も知らなかった。二人で来るくらいだから、何か重要なことだろうなとは。

「あなたはもういらないですから」といわれるかと思った。いつもびくついた人生を送っているから。あっはっは。「二度目の降板かよ」って。降板について自身で考えていることはある。そりゃあそうですよ。どういうときに辞めようかと、きっかけが欲しいですよね。例えばアタシが結婚するとか、あっはっはっは。そしたら第二の人生を過ごすわけだから、「こんな下らない番組に出たくない」とか、大きな声でいって、辞めんの。あっはっはっは。

アタシはもう自然体だから、来るときは来るべき時がくるんでしょうと、思ってね。何かどんなかたちでね、スマートに辞められればいいよね。みんなが納得して、「それじゃあ師匠、お疲れ様」というのはいいけど、スキャンダルは厭だね。「週刊文春」に載っちゃったとか、「フライデー」に載っちゃったとか。逆に、「師匠のおかげで、視聴率、上がりましたよ」って、辞めさせてくれなかったり。あっはっはっは。厭だよ、そんなの。あっはっはっは。

本当に自然体で。暮らしだって、毎日変わるじゃないですか。何が起きるか。地震が起きるか、ねえっ。戦争が起きたら厭だなとかあるじゃないですか。そのなかで、人生でしょ。今とっても倖せだっていうのが、いつ壊れるか分かんないじゃないですか。確かに、「笑点」という名物高視聴率番組に出させて貰っているのは光栄ですけどね、本当にスタッフのおかげだと、いつも思ってます。

木久ちゃんは恩人中の恩人だから。一番可愛がって貰ったし、面倒を見て貰ったし。ひとりずつ、番組で聞くじゃないですか。それが終ったときに、感慨深いものがありましたね。本当にいなくなっちゃうんだ、この人は。じーんときましたね。あたしだけでしょ、特別な関係は。兄弟弟子で、隣りにずーっと座ってる人って、いないでしょ。倖せは、倖せですね。公私共々長い。いろんなところに旅に行ったし、いろんなところに招待してくれたり、いろんなもの貰ったり。王楽なんか、木久蔵君のお古っていうから、着たものかと思ったら、着てないお古なんだ。

「こんなの貰っちゃっていいんですか？」

「いいんだよ。うちの子、着ないから、どうぞ」って、よく貰いました。

　ほとんどの引っ越しはアタシがやりましたから。五回くらい。最後の引っ越しを除いて。その前は、全部やりました。お世話になった兄弟子には、みんなやるじゃないですか。特にアタシはお世話になったから。だからあそこの子供たちは、小さいときから知ってるのよ。アタシの「笑点」以外のテレビもみんな見てくれて、「良かったよ。楽しかった。いい番組だったね」とか、必ず娘さんの電話を通して、番組を褒(ほ)めてくれる。けなすことなんか一切ない。「あれ良かった」「楽しかった」とか。必ず出た番組を見て、電話くれますね。マメですよ。だってうちに落ち着いていることないんですって。自分のうちに帰っても、漬け物を漬けたり、絵を描いたり、ずっと落ち着かないんですって。そういう性格なんですよ。アタシが入ったときにはもう二ツ目でしたから、「結婚式の司会に行きます」とか、「パーティーに行きます」とか、マメはマメだった。自分で仕事を取ってくる人だから。忙しかったですよ。だからいつもご馳走してくれましたよね。アタシだけじゃなく、兄弟弟子みんな。「みんな、おなか空いた？　じゃあ、天ぷら食べに行くよ」とか。すぐ連れて行ってくれて、飲ませてくれて。

　寄席の楽屋で、お茶のことが話題になった。「お茶、いつもと違うね？」

「あの子は？」

「林家木久蔵と申しまして、正蔵師匠のところに来た三木助師匠のところのお弟子さん」

「兄さん、何でお茶うまいの?」

「うーん、お茶っ葉すぐ捨てちゃうから」

「えーっ、席亭が怒るよ」

それじゃあ美味しいよね。彼は、人と違うことをやっていましたね。

そして、三平師匠に紹介された。まだ寄席にも出られない、見習い前座を連れて行っちゃう、発想がね。何でアタシを連れて行ったのか分からないんだけど、「一番売れている、オーラの人にね、顔を覚えてもらうんだよ」って、その発想が分かんなかった。今でこそ、そういうオーラという言葉が出るけど、あの兄さんが五十七年前に、アタシを連れて行ったんだからね。五十七年前ですよ、三平全盛のころですよ。毎日、三平師匠のうちに、客が十何人来るんだよ。毎日だよ。ビールを飲んで、おかみさんとお手伝いさんが出す料理を食べて、わいわいいって。まだ三平師匠、仕事から帰ってきていないんだ。それで、師匠が帰って来たらアタシがビール飲んでるから、「アー、ダー、駄目。前座のくせに、そんなお酒飲んじゃ、ダーめっ」って、笑いながらいって、それで一発で顔を覚えられちゃった。

それも兄さんの教えが効いたんでしょ。出世する人は考え方が違うんでしょうね。「怖がっちゃ駄目よ。どんな偉い人でも、人間なんだから。その人に顔を覚えられたら、その人に熱を貰えるんだから」って、そういう考え方なんです、あの人。木久ちゃんにそうして貰って、その後もちろん、うちの弟子はみんな連れて行く。どんな偉い人でも、みんな連れて行く。大勢連れて行ったら厭だから、大勢だと向こうが覚えられない。ひとりずつ連れて行く。

「師匠、うちに今度来た……ですよ。お父さんがこういう人で、お母さんがこういう人で…」

「ああ、そうかい。頑張んなよ」

その空間だけでも、その子に大切な時間で、財産に加えられるでしょ。アタシはうちの弟子はみんなやってます。木久扇兄さんに教わった通り。これはすごいいいことだと。師匠としてやんなきゃいけないことだと思いましたね。兄さんは師匠じゃない、兄弟子だもん。兄弟子なのに、そんなことをやった人だもん。アタシだけでした。すぐに兄さんのうちに連れて行ってくれて、漫画描いていて、「悪いけど、ちょんまげを黒く塗ってくれる」って。時代漫画だったから、「えっ、こんなんでいいんですか」「いいよ、やってやって」

一ページか二ページかな、何コマか。「ああ、ありがとう」

たった五分か何かの仕事なんだけど、それで当時、五百円くれたんですよ。「えっ、兄さん、これ塗っただけで五百円も。こんな大金」。見習いはお金貰えないし、前座になったら百円貰えるんですよ。毎日寄席は、昼席でも夜席でも、百円なんですよ。それがいきなり五百円くれたんで、「兄さん、これ、ちょっと多すぎますよ」。

「いいの。いいかい、これも仕事。あたしは仕事で漫画描いてんだ。それを手伝って、あんたも仕事したんだから、五百円は当然の報酬だよ」

だからお金は大事にしないといけないというのも含めて、教えてくれたんじゃないですか。こうやれば仕事は入る。だから、自分で仕事を探しなさい。ぼくもそうだったからっていう意味なんですよ。長い言葉で何もいわないけどね。たぶんだから、「君も漫画をやりなさい」っていうことをいっているわけじゃないんですよ。こういうことも仕事なんだよ。落語なんか全然教えてくれないもん。もっと大切なものを教えてくれた。落語なんて稽古に行けば、誰だって教えてくれるけど、そういうものは教えてくれないじゃないですか。人間の付き合いとか、考え方とか、今、世の中はどういう風にまわっているのか、どういう人が活躍しているのかと、そっちのほうが大事でしょ。落語の稽古よりか、落語の稽古はもちろん大事には決まっているんだけど、落語の稽古をしながら、こういうことも大事だよって、そういうことを教えて貰いました。

一番寂しいのはアタシですよ。兄弟弟子なんかいないんだもん。兄弟弟子っていってもみんなはピンとこないでしょ。特別な兄さんだもんね。一番上になるが何も変んない、変んない。マイペースですから。変ったらおかしいもん。逆にみんな突っ込みやすいんじゃない。「師匠は一番上になったんですよ。しっかりしてください」って、あいつらいうと思うんだ。間違いなく、そういう言葉が出ます。もう用意してますよ。あっはっはっは。世の中は流れによって、しょうがないことがあるんです。

先日の「笑点」の生放送での失敗、大変だった。言葉が出ないんだもん。二回目も全然答えられなくて、真っ白になっちゃって。そしたら、あのコーナー長くなっちゃって、みんな馬鹿ウケですよ。

「あれは演出でしょ?」って。「バカ野郎、演出で出来るわけねえだろう」。みんな「演出だ、演出だ」っていうんですよ。手を上げたとたんに、「あれ、やべえ」って。「あれっ、何だっけ。これはカットですね」「生放送だ、バカ野郎」。終ってから、スタッフに「このことになったことに、誰にもいわないでね」「全国放送で、みんな知ってますよ」と、馬鹿ウケ。「誰にもいわないでね」っていったアタシがバカだよ。恥ずかしかった。何だろうなあ、ああいうのってね。何だか知らないけど、急にぽかっと。いたたまれなかったね。「帰る」って、帰っちゃえばよかった。あっはっはっは。黒門町のように、「勉強しなおしてまいります」って、なぜそれがでなかったのかな。あっはっはっは。ゆとりがないから、咄嗟にはできないんです。あっはっはっは。ゆとりがあれば、「昇ちゃん(昇太)、駄目だこれ。勉強し直して参ります」「それじゃあ、黒門町だ」って、みんなが突っ込んでくれる。生放送は大変で、変なことをいったら降ろされちゃうしね。怖いよね。もしも毎回、生放送だったら、とっくにもう番組は終ってますよ。何をいうか分からない連中だから。あの言葉はいけませんとか、生放送だととんでもないことで、取り返しが付かないことになるから、めっちゃ緊張しますよね。二十四時間テレビは毎年のことだから、みんな覚悟してやってるけど、身内は、「しっかりしろ」「早く」って、怒りますよ。絶対にみんな思ってるって分かる。身内はみんな思ってる。みんな「師匠、最高っ」って、腹抱えて笑ってた。余裕は一番ない。あっはっはっは。焦って、これは困っちゃったな。生放送、冷や汗ものでしたね。スタッフは「また師匠、人気者になっちゃいますよ」。

「絶好調」

「お前、間違えたら、絶好調じゃねえだろう」

「いや、雰囲気が絶好調」

「やめてよ」

高座の上で名前やセリフが出てこないのとはまったく違う、初めてですね。真っ白になっちゃったのは。真っ白は年中あるんだけど、二回とも真っ白になって困っちゃって、それでやっと、「えーっと」と出た。いつも「笑点」は録画してんだけど、二十四時間テレビだったから、長時間録画でしょ、「いいや、面倒臭い」ってやんなかった。それで良かった。あっはっはっは。見なくてすんだ。そうなんですよ。ありますよね。人間だもの。

9　笑点の焦点2

アタシが若い時は、プロデューサーが年上だったし「九蔵、あんなことといっちゃ駄目だよ」とか、年中注意されましたけど、今はうちの娘と同い年だもん。全然違う。兄弟、家族だっていう意識をみんな持たせてますよ。「笑点」を作って、そして残した先輩みんなに感謝ですね。大喜利で、あいうカタチにして「座布団一枚」なんて、普通の会話になっちゃってるんだからね。

間は自然に出てくる。だから「笑点」なんかも、一之輔、宮治、たい平なんかもそうだけど、あのすごい早さ。ああいうのはアタシにはできないから、一歩間を置いてゆっくり喋るというか、そっちのほうになってきたんだね。ああいう若い人には戦っても勝てないから。絶対そうですよ。あ あいうぽんぽんいく調子は、昔はアタシたちもそうやったでしょうけど、この歳になって何もね、彼らに合わせることないし、自分の間でやってますから。「笑点」で古いのやるじゃないですか、懐かし版。

「何、こんな早いの、オレ」

ちょっと恥ずかしいねって思って。「落ち着かねえなこいつは」って。今と全然違うから。キャラクターも全然違います。自然に間を置くようになっちゃってね。キャラクターは自分で決める。向こうが思っている思惑とプロデューサー、ディレクター、作家、スポンサー、思っているようにやってくれっていっても、人間はそれで動くわけじゃないじゃないですか。それが「ああ、こういう風になったのかこの人は」。逆に、「これでいってもらいたいな」くらいな、それで自分の間ができて。最初のキャラクター作りは、プロデューサーのところに行ってね、「お前みたいなのはね、若旦那っぽいから、笑点の玉三郎っていうキャッチフレーズでやって」「ああ、それでいいよ」っていってくれた。しばらく扇子を広げて「玉三郎ですっ」って。それずっとやっているわけにはいかないから、途中で変えないといけない。「マンネリくらい藝としていいものはない」というけどね。そのマンネリを続けるというのが、これが難しいんですよ。いつ変えるか。その闘いですね。

メンバーはみんな個人の闘いですよ。自分と戦う。自分で気付くのも、ずっとやっているから。自分自身に、自分は何をやっているのって問うわけですよ。「ああそうか」って、みんなが早口で喋っているときに、自分だけゆっくりと喋ると目立つんじゃないか、落語家の先輩たちが寄席でやっているじゃないですか。どかんと受けたあとにしっとりした噺をする。今までの空気をぱっと消して、自分の世界に引っ張り込む。そのテクニックをアタシは寄席で見てきましたからね。アタシも一之輔と宮治と同じような喋り方をしたら、逆にあの二人にも失礼だし、アタシはアタシの道を行かないといけないっていうのは、自分で悟るわけですよ。やっぱりやっているうちに、何かねえこういうふうにって、それも勉強ですよね。手を抜くとかそういうんじゃなくて、アタシが手を抜くようなことをやってくれって、みんないっているけど、「いつもの通り手を抜けばいいの」っていっていますけどね。そんなことできるわけねえじゃねえか、バカ野郎。

もしも手を抜いていたら「笑点」にいないですよ。だってアタシのキャラクターがこうなっちゃって、ディレクターがいうんだもん、「師匠、途中でやめて帰っちゃうっていうの、どうですか?」って。そんなことというディレクターいる?

「これ、今まで誰もやったことない」

当たり前だっちゅうの。バカ野郎。そんなのやるヤツいねえだろう。

「師匠なら、許されちゃうんですよ」

みんなにその話したら、「それいいな」って。「今度、遅刻してくるっていうのどう?」。遅刻して途中で帰っちゃう。それじゃあほとんど座ってねえじゃねえか。笑点メンバーがみんないうんですよ、アタシに。「いろんなこと考えてんね、この人は」って。あっはっはっは。

「笑点」四年間の空白は全然、何ともなかったですね。だって、うまくいってないから、降ろされたんでしょ。だから自分では納得していたから。「いいんじゃないの」って。再び呼ばれるとは、思ってもいない。それがアタシの運命なのかね。いままでこういう大きな番組で、出戻りした人は一人もいませんよ。司会で戻った圓楽師匠だけですよ。三波伸介さんが急死したから、プロデューサーが「戻ってきてください」って、土下座して師匠に頼んだんだから。師匠もお世話になった番組だから、「あたしでよければ」って、一番長い司会者になっちゃった。それは圓楽師匠の凄さですよね。そうやって司会に戻って、あの人は司会に向いていない人だから、それがああやって、「だはっ」ってやって。存在が大きいじゃないですか、うちの師匠は体も大きいし、それで絵になっちゃったんですね。うちの大将の運命は凄いですよね。参議院議員になりたかったんで、「談志がなったんだから、オレもなりたい」くらいの気持ちだったんでしょ。そうしたら色々な推薦の人が、お寺の住職だとか、どこかの社長とか、誰々だとか、みんな色々とやってたんですよ。結局取りやめになっちゃったのかな。

「ああ、オレは運がなかったんだな」と、ひとりで寝っ転がって、手足をばたばたやって。それをアタシは見ていた。そんなにがっかりすることはないとアタシは思ったんですよ。それから全然よくなっちゃって、「浜野矩随（のりゆき）」「文七元結」「芝浜」なんて、最高にいいものができたじゃない。あの師匠の凄いものを持って、立ち直るんですね。自分では大失敗したと嘆いていたもん。「何やってんだ、おじさん」って思ったもん。寝っ転がって、叩くような感じで、「オレはやっぱり、運がないんだな」ってやってました。「おれって人間は、こんな人間なのか」って。ひとりでアタシは見てました。「へえっ、そんなに悔しいものなのかな」って。そこに何でオレがいるんだよ。

常に明るく楽しく。「笑点」の楽屋も、ひとつの番組を作るのに全員が協力しないと。昔は楽屋なんか、ぶすっとした人ばっかりだった。怖いおじさんが、「機嫌悪いですね、今日は」とかいったり、そんなのは駄目だった。アタシはみんな楽しくなけりゃ駄目。テレビよりも楽屋のほうが楽しいっていうのは、典型的なアタシ。アタシ、それ。「なあんだ楽屋のほうが面白いじゃないですか、師匠」って。あっはっはっはっはっはっは。

だから「笑点」のスタッフで、プロデューサーにADが怒られることがあるじゃない。大勢、わあわあいっている噺家のなかに、ぽつんといる。そこに行って、「オレさあ、きのう、立ったらこっちにウンコがくっついていたんだ。洒落になんないよな」って。「やめてください、師匠っ」「そうですか、師匠でもそんなことあるんですか」って。その子の暗い顔が明るくなるのを見てほっとする。みんな知ってるんだ。好楽兄さんが気を遣ってあの子をなだめているんだなって。みんな楽しくやらなきゃいけない。メイキャップも、大道具も、小道具も、衣装も、全部みんな楽しませるんですよ。楽屋でも、アタシが気を遣って、皆を楽しませるんですよ。うちにあった貰い物を全部持って行って、みんなに分けて。

「これ、美味しいよ」「師匠、またありがとう」

アカデミー賞をとった俳優がいうじゃない。「自分が取ったんじゃありません。スタッフが取ったんです」って。アタシは絶対、そうだと思いますよ。全部スタッフが取ったんだって。たまたまアタシがここにいたっていうことであって。主演女優賞を取った人もみんないいますね。アタシは見ていて、「この人たち、格好いいなあ。自分が取ったって、誰もいわないなあ。こうじゃなきゃいけないなあ」って、自分も反省して、てめえがテレビに出ていて、偉そうな顔している、とんでもない。恥ずかしくなりましたよ。

「笑点」は誰が作ったんですか。オレたちが喋っているんじゃねえよ。回りの人たちが作ったから、オレたちがやりやすく、いいたいこと喋って。それを忘れたら、バチがあたりますよ。他の人と違った場所にいられるというのが、誰のおかげだ。自分のおかげじゃないですよ。ひとつもないですよ。最初から思ってないですよ。ほんと最近だな。師匠とか大事な人がなくなると、逆にそういうふうに、思うようになりましたね。まず師匠の圓楽、そして、(桂)歌丸師、そしてまた、六代目円楽。そういうのが、人間っていうのはこういういい功績を残したのに、亡くなるんだ。オレたちは何をすればいいんだろう。みなさんの苦労を讃えるとか、かかわってくれた人たちのおかげなんだから、この人たちを大事にしなかったら、オレたちは、駄目だよって。

それがホント最近ですよ。この七、八年ですかね。そう思うようになったのは。それはそうですよ。感謝しないとね。視聴率が高くて、五十七年も続いている番組なんてないでしょ。それもメンバーは四十代、五十代、六十代、七十代、それと八十代ですよ。そんなレギュラーいないよ、どんな番組でも。はっはっはっはっ。ねっ。どういう番組だよ。

この頃、偶然っていうけど、本当は決められているんじゃないかなと思う。若い頃はそうは思わなかった。この頃ですよ。この歳になると、この人のおかげでいろんな人と知り合ったり。いろんなことが起ったり、一期一会ってこういうことなんだな。たった一人の知り合いから生まれるんだな。だから絶対、人とのお付き合いは大事にしなくちゃいけないな。軽くその場限りで終わっちゃうことが多いじゃないですか、だいたい。だけど気になるのは、その人が、こころのなかで、勧めてくれているのか、あの人ちょっと仕事をあげたいなとか、あの人紹介しようとか、紹介した人がまたアタシを紹介してくれる。それで輪が広がってね。たったひとりの行いで、色々な人間が集まったり、一緒に飲んだり、旅行に行ったり、仕事をしたり。

アタシは何度もいうんですけど「笑点」は八人だけじゃない。もっと大勢が、あの番組を作っているんだ。そう意識しないと。それだって若いときは全然、思ってなかったんですよ。それが今、歳とって気を遣って、「ありがとね」「ありがとね」っていって、差し入れしたりして、それで、飲みに行ったり、ご馳走したりなんかして、感謝の気持ちを伝えるんですよ。自分ひとりでここまできたわけじゃないんですから。一番大事なこと。それは一期一会と同じでね。やっぱり何か縁というものは感じますよね。

「笑点」の楽屋、みんな楽しいって、スタッフがいうじゃないですか。好楽師匠が気を遣ってやってくれているからと陰でいってもさ、実際アタシはそんなつもりでやっているわけじゃない。それは常識だと、そう思える歳になった。歳とったら、アタシがやるぶんには、昔だったら、「お前、そんな目立つことするな」といわれましたよ。

「お前ひとり勝手なことというんじゃない」

アタシ、上だから。木久ちゃん(木久扇)の次だから。アタシが何をやっても拍手ですよ。番組を守っているプロデューサーが変わるじゃないですか。きのうもそのプロデューサーを呼んで、アタシに呼ばれて喜んでいましたよ、一緒に飲んで。一回だけの付き合いだったらやめちゃえ。その人のおかげで成り立った。感謝の気持ちがあれば、ずっと付き合うでしょ。「あの人は現場を離れたんだから、いいよ」というのがこの世界だから。それが嫌いなんです。そんな薄い付き合いだったのって。掌を返して、背中を向けて行っちゃうのは、卑怯(ひきょう)ですよ。そんな社会だと、戦争だとか、くだらないことを起こすんですよ。絶対に駄目。死ぬまで付き合いましょうという気持ちがないと、気楽に電話もかけられない。

「きょう、何時に終る?　飲もうよ」

「えっ、ぼくでいいんですか」

「番組終わると、寂しいからさ。今度の仕事の新しい話を聞かせてよ」

「それじゃあ、五時半にお伺いします」って。飲んで最後はこっちまで引っ張ってきて、カラオケ歌わせて。若いときは自分で精一杯だから。自分が親に叱(しか)られ、師匠に叱られ、プロデューサーに叱られ、そんなことできるわけねえじゃん。この歳になるといろんなことが見えてくるんですね。いろんな部分が。しょんぼりしている子がいると、世間話をしてあげて、アタシが失敗したことをいうと、向こうが苦笑しながら笑い顔になって、それでいいわけですよ。やっぱり、職場は楽しくなければいけない。アタシのモットーだから。見えないものが見えてくる、歳を取るっていうのはそういうことなんですよ。若いときにはそんなものは見えませんよ。やっとこの歳になって、かみさん亡くして、孫に面倒をみて貰って、弟子たちが色々と出世していく様子を見ると、見えてくるんですね。

《この日、好楽師匠は伊勢から帰ったばかりで、その前は秋田で「笑点」の収録だった。》

疲れたって、どうってことないの。秋田から伊勢に行ったんだけどね。秋田の知り合いの旅館に電話したら、大雨で玄関まで水が入ってきちゃったって。十五、六人を「笑点」の収録に招待したんですよ。「笑点」、本当に楽しかったって。それで喜んじゃってね、みんな。喜んでくれるのが一番いいんだから。「笑点」の収録の入場券の競争率は十七倍ですって。どこでも十倍は当たり前ですから、秋田は十七倍だといっていました。ずっと待っていた。十年ぶりだそうです。応募しても当たんないですよ。「だから、アタシに任せなさい」っていって。みんなが喜ぶためにやっているんですから。

「笑点」に復帰したとき、衣装部の一番偉いおばさんがピンクの着物上下一式を持って、「お帰んなさい」って、出されたときにはやっぱりじーんときましたね。みんな温かく迎えてくれるんだな、アタシみたいなものに。そう思いました。みんなは待ってないよ。こんな男、待つわけないじゃない。誰が待つかい。だから裏方さんにこんなに世話になっている職業なんですよ。出演者だけでなく、スタッフもみんな楽しくやらないと、いいものはできないんじゃないですか。だからアタシは楽屋でも一番ふざけて、みんな笑いっぱなしで、「よくそんなこと、考えつきますね」。アタシがひとりでバカになってかき回して、それでいいんじゃないですかね。五十七年も続いている番組は他になく、その原因は何か。一緒に働いてくれている人たちを大事にする。テレビは出ている人しか映ってない。それが味噌なんですよ。裏でやっている人はね、どれだけ気を遣っているか、その人が成功したら、裏でやっている人が自分のことのように喜んでくれる。一心同体じゃないですか。それだったらわれわれは、その人たちに気を遣わないと失礼ですよ。と、思いますよ。番組のスタッフに、そうした気持ちは伝わっている。必ずね、どんな人にもね、楽屋にある色々な物、どら焼きなんかくるじゃないですか、それを持って行くんですよ。

「これオレが買ったんじゃないからね」「あそこに置いてあるやつをあげるんだからね」

偉そうにいわない。照れくさいもんだから、みんな渡すでしょ。

「師匠、いつもすみませんね」

「今回、オレのおごりじゃないよ。楽屋にあったやつを持ってきたんだから」って、「どっちみちあいつらに喰われるよりも、みんなに食べてもらったほうがいいからね」っていって、笑いながら渡すんですよ。みんなが同じものを食べなきゃ駄目ですよね。「あたし食べてない、みんなばっかかり食べている」というのはちょっと。そんなことが耳に入ったら、アタシが恥ずかしいことになっちゃうから。年中怒られて、「笑点」で失敗してた。余裕が出てきたってことでしょうね。最初はそんなこと考える人いないでしょ。裏方さんの顔なんか見えないですよ。

「あの人、ちょっと何かあったんだな」って、この頃、思うじゃないですか。

「あの子元気がないね」

「母さん、亡くなったんですって」

「それはそれは」って。

少し余裕がでてきたのは、特に師匠の圓楽が亡くなった後からですね。師匠が作った番組でしょ。談志師匠と圓楽師匠と大きな存在が亡くなって、色々と考えて見ると師匠も結構、スタッフに気を遣っていたなって思い出しました。師匠、そういうことといっていたなとか、ああいう風に思っていたんだなとか。その人たちに感謝をいつも伝えていた言葉があったなと思った。絶対やんなきゃいけないなと思ったのは、かみさんが死んでからです。あと相談する人もいないわけですよ。師匠の圓楽がいない。林家(正蔵)がいない。で、一番大事なかみさんがいないでしょ。そしたらアタシは何すればいいの。自分の判断で生きていかなければいけない。相談する人もいない。だからアタシが、もっと気を遣う人間になんないといけないなと思いましたね。人が亡くなるとその人のいいところ、悪い所、すべてを見てきたけど、いいところだけを思い出す。その人の話を漫談風にして、高座で喋るんですけど、「あの人、そんないい人だったの」。

客がびっくりするようなことを喋っているんですね。自分が知らず知らずに、お客さんが「師匠、さきほど伺いました、あの人はそういう人だったんですか」。

「そうなんだよ、気を遣う優しい人なんだよ」

「へえっ、全然違う風に思っていたけど」

そういう風に帰っていく人もいましたけどね。人間が勉強なんですよ。アタシ、落語は職業としてなくてはならない一番大事なものなんですが、もっと大切なのはそれを喋る人間が一番の賜物ですね。人柄、人ですね。最初は余裕なんかまったくないですよ。アタシなんかどうしてこんな狭い人間なんだろう。ただ自分さえよければというひどい、アタシなんかそうだったと思いますよ。われわれの職業はこんな嬉しいことないじゃないですか。言葉がでる以上は、足が曲がろうが、逆に足がなくなろうが、喋れるということは、死ぬまでできるということだから、凄いことですよね。倖せですよ、好きなことやってね。楽屋で、パーパーつまんない話をおもしろくしてね。ありえないことを、今にもあったような顔してさ。あっはっはっは。

「そんなことねえよ」って、みんな嬉しそうに突っ込んで、笑いながらいうからさ。

第四章　池之端の師匠

1　伏せられていたおかみさんの死

《その日は「おかみさんの話をお願いします」と、予告していたから、池之端しのぶ亭の高座には、好楽師匠のおかみさんの元気なときの写真が飾られていた。写真のなかのおかみさんは少しだけはにかむように、笑顔で正面を向き、南国の花が描かれた落ち着いた紫色の服を着ている。好楽師匠はおかみさんの写真を前に話し始めた。》

　この人（家入とみ子）の病気がわかったのは、東京逓信病院（東京都千代田区）に行って検査したとき、娘がいった。

「お父さん、お母さん、がんなの」

「えっ、この人が。考えられない。嘘だろ」

「いや、お医者さんがいってるの」

覚えてます。患者さんも勤めている人も、みんないなくて、暗いところだった。七時から九時まで二時間、ずっとそこで天井を見ていて、何にもできない。娘も何もいわずに、二人でずーっと上を見ていた。そのまま病室に行ったら、「何やってんのよ、二人とも」って、うちのかみさん怒ってましたけど、ちょっとショックはきつかったですね。それでも今の医学はがんなんかすぐに治しちゃうと思っていた。娘と王楽は「危ないとお医者さんは、そういってます」って。アタシは絶対よくなるって、診察を信じなかった。村田祐二郎という名医が治してくれるって、約束したんだから。

「でもね、がんが進んじゃっているみたいよ」

「いやあ、大丈夫」

死ぬまでアタシは、「この人は大丈夫だ」と思っていた。アタシだけね。そうやって信じるのが、夫の役目だと思いますけどね。亡くなったときにね「ああ、寿命なんだな」って。そこで初めて、事実の凄さを知りましたね。七十二歳なんて、今はね。友達の昔昔亭桃太郎が、「とみちゃん、早いんだよ。まだ、早いんだよ」って、一生懸命この遺影に向かって、怒ってましたね。

自分はがんにならないっていう自負がある、つまり小沢家は誰も、がんで死んだ人はいないんですよ。おばちゃんも、お母さんも、おばあさんも。お母さんは九十六歳、上のおばちゃんが百二歳、下の妹のおばちゃんが百二歳、そういう家だもの。そこのうちの子供だから、死ぬわけないじゃないという感じだった。まさか大腸がんになるとは思わないから。だから、「お父さん、お母さんがんだって」といわれたとき、ずーっと二時間でしたよ。もう、真っ白になって。ああいう状態は何なのかねえ。「ええっ」というのがずーっとでしたよ。娘も上を向いて天井を見てましたからね。それが事実だっていうんだからね。本当にショックでしたけどね。

病気との闘いが凄かったから。

「お父さん、もうアタシ駄目、もう駄目」

「駄目じゃない。村田祐二郎という名医がずっと付いてるんだから」

病院の看護婦さんがいうには、亡くなってみんな集まって、お別れの会をやったときに、「凄かったですよ、おかみさんは、『どうも、元気?』って、いつも笑顔、笑顔」。主治医が来たとき、「やぁ」って。「お前、オレより仲がいいじゃねえかよ」「そうよねーっ」と、そんなやりとりをしてた。

若い女医さんが、「わたしはおかみさんに、どれだけ救われたか分からない。わたしも医者の卵だから、一生懸命色々なことを教わっている段階だから、勇気づけてくれたのは、おかみさんだけでした。本当に悲しくてしょうがなかったです」。

死を公表しなかったのは、うちのかみさんがね、「あなたが死んだら公に発表しなけりゃならない。でも、あたしが死んだら、あたしは何でもないんだから、絶対にだれにもいわないでよ」って。それは、元気なときからいってました。「兄弟にもいわなくていいからね」

「兄弟ぐらい伝えるよ」って、冗談をいっていた。そしたら本当に亡くなっちゃった。コロナのおかげで、発表しなくてすんだでしょ。厭じゃないですか、「おかみさんに話しかけられましたか」なんて取材に来られたら。冗談じゃねえよ。大きなお世話だ、あんなもん。そういうのはまったくなかった。

笑点メンバーにも発表しなかった。腹黒の円楽が一番乗りでお寺に来ました。「とみ子姉さん、亡くなったんでお参りに来ました」って、挨拶に来ました。やっぱり世話になったのはちゃんと覚えてるんだね。いつも別れたおかみさんとうちの団地に泊ってた。ゴルフも一緒にやったり、ちゃんと覚えてたんだね、あいつも。

うちのかみさん、なんだかんだぶっきら棒だけど、優しいんですね。うちの娘が保育園の保母さんをやっていたとき、必ず報告するんですよ。「おかあさん、可愛そうな兄弟がいるのよ。三人目の子供が生れたら、その奥さん、男を作って逃げちゃって。お父さんはトラックの運転で必ず、朝早く二人を保育園に置いて、夜くたくたになって、子供を迎えに来るの。お父さん、可愛そう」
「そんな子供がいるの。子供たち、うちに連れて来なさい」

二人ともずーっと泣いていた子供が、うちに来たとたんに泣き止んじゃって。そのうちにお父さんが疲れちゃったんでしょうね。「実家に帰ります」「どこなの?」「山形県の鶴岡です」。その二人の子供を連れて、お父さんは山形の両親の所に帰った。それで、「あの子たち、もうすぐ幼稚園。幼稚園に行ってみようよ」って、飛行機で山形の庄内空港に着いたら、向こうから駆けだしてきて、アタシに抱きつくんですよ、無言で。みんなが、「かっちゃんのお父さんって、『笑点』の人だったんだ」って、村がみんな騒いだんですよ。「そうじゃねえよ」っていったんだ。それくらい、うちのかあちゃんは可愛がっちゃうんですよ。小学校の入学式のときも父兄のつもりになって行って、卒業式も行って、中学入学のときも行って。他人がそんなことしなくてもいいと思うんだけど、どうしてもうちのかあちゃんはやってあげたいんですよね。あっはっはっは。年中、仕事じゃないのに山形の鶴岡に行ってましたね。まあそういう優しい人でしたよね。

そういう報告を必ず、するんですよ、娘が。「もうひとり可愛そうな子がいるのよ。おばあちゃん子でさあ。お父さんがいなくなっちゃって」

「その子も連れてきな」

「地方に引っ越した」「じゃあ、様子を見に行こう」

そのおばあちゃんが、「いつも師匠のテレビを見ると、こうして手を合わせています。お世話さまです」って、泣きながら、アタシの出るテレビを見てるんだって。そんなことばっかりやってましたね。

弟子の好好（こうこう）が入門して来たとき、履歴書を貰わないといけないから、アタシたち。どこで生れて、両親の名前とか、どこに住んでいるとか。見たら、うちのかあちゃんが「お父さん、何この子。三年間、空白なんだけど、何やってたの？」。

「三年間、空白？　少年院か何かにいたのかね」

「そんなことないでしょ。来たら訊いてみて、三年間の空白は何なのって」

うちのかあちゃんが訊いたら、好好は口ごもっちゃって、「うちの弟子になるんだったら、何でも正直にいった方がいいんじゃないの」。

「引きこもりだったんです。三年間引きこもり」

「ずっとうちにいたの？　お母さんは？」

「働いてました」

「何考えてんの。お母さんを働かせて、自分は何もしないで。でも落語家になったら、世間の人を見返してやんなさい。引きこもりなんて一杯いるんだから。引きこもりでも、こうしてお客さんの前で、お客さんを笑わせる人間になったんだって、みんなに見せなさい」

うちのかあちゃんが好好にいった。

「わかりました」

「心配だから、あなたお母さんに電話しなさい。あたし出るから」。電話して、「お母さん大変苦労したのね。今度この子がうちのお父さんの落語会に付いて行きますので、名古屋だから、あなた近いでしょ。楽屋に来て。あなた、息子の落語を聞いてみなさい」。

「えっ、恥ずかしいですよ、おかみさん。自分の息子が落語家になるなんて、夢にもみない仕事についいて、落語やるなんて。あたし聞けない」

「いいから、いいから。いらっしゃい」

初めてお母さんと対面して、それで息子が落語をやっているのを聞かせた。

「あの子があんなに落語を喋れるとは思わなかった。師匠、おかみさん、ありがとうございました」

それでさようならって、手を振って帰っていった。とみ子が好好に、「お母さんと久しぶりに会ってどうだった？」って、訊いた。

「痩せましたね」

「お前が痩せさせたんだ。バカっ」あっはっはっは。「痩せましたね」っていうのはないだろうと大笑いした。何でもほっとかないんだよね。そのお母さんの様子も知りたいし。好好は途中で落語家を辞めたかったんですよ。ちょうどいつもの行きつけのお店だった。カウンターで、「おかみさん、ぼく辞めたいんです」。

うちのかあちゃんが、「今、辞めなさい。後で色々なものを送ってあげるから。はいっ。お母さんのところに帰りなさい。邪魔だっ」

他のお客さんがびっくりして、好好がぼろぼろぼろぼろ泣いて。「すみません。やっぱり師匠のところにいたいです」

「だったら一生懸命仕事しなさい。落語を覚えて、見返してやりなさい」

「わかりました」

だからうちのかあちゃんが死んだときは号泣でしたよ。「おかみさん、おかみさん」って。亡くなったその年の一月七日に、好好の地元で落語会をやるっていうんで、アタシも仲間も、ゲストで呼ばれて行くんですよ。前の日に落語会をやって、泊って朝帰る。忘れもしない一月七日のこと。うちの娘も行って、友達も行って、打上げもやって喜びましたよ。満員になったんですよ。それは好好がお母さんと二人で、チケットを売ったっていうんですよ。

「すごいわね。あなたも偉いわね。お母さんも大変だったけど、喜んだでしょ」。打上げも楽しく終わって、ホテルに泊って、アタシも飲み過ぎて朝遅かった。ホテルのレストランでみんなで朝ご飯食べてるんだ。娘と友達とうちのかあちゃんがご飯終わって、娘が、「お父さん、お母さん全部ご飯食べたわよ」。ずーっと具合が悪かったのに、行きたくないのに、好好が会をやるんで、「おかみさん、ぜひ来てください」っていうんで、渋々行ったんですよ。満員だから喜んじゃって。自分も客席で落語を聞いて、わーっと打上げもやって。次の日の朝、これがきっかけで治ると思ったんですよ。ずっと患ってましたから。それが最後。一月八日の朝の食事が最後。それから全然、食べられないの。あんなに元気に、朝食をぺろっと食べたのに、「環境が変るとよかったな」。これがきっかけで治ると思ったのに。それで四月十三日に、亡くなるんですよ。

好好に、「お前が、かあちゃんを喜ばせてくれたね」っていった。「師匠のおかみさん孝行をした」って。うちのかあちゃんも喜んでた。その勢いで食べたのかもしれないけど、「よく食べたね」って、普段食べないのに、それからずっと病院生活に入るわけだから。

上の偉い人にはずけずけいうけど、下の人には滅茶苦茶(めちゃくちゃ)優しい。そういうのを周りの人たちは見てきたんだね。気取ることもないし、親切で優しいですね。この写真だってね、「遺影の写真がないな」っていったら、二番目の孫がね、この写真を出してきて、「これどう?」っていうから。「いいじゃない、これ。何でこれ持ってるの?」っていったら、うちのかあちゃんが「あたしの写真を撮ってよ」っていった。それでスマホで撮ったんだって。それが見事に蘇(よみがえ)った。「これはいい写真だ。これにしよう」。兼好のところの兼太郎の結婚式にみんなで行って、お祝いしたときの。気にいってたんだね。「徹子の部屋」でも、このでっかい写真を飾ってくれて、黒柳徹子さんが「綺麗(きれい)なおかみさんだったのね」って、いってくれたんですけどね。このドレスは本人が気に入ってたんだね。写真は一杯あるけど、当人がこのドレスが気に入ってたから、孫に撮らせたんだ。「じゃあ当人が気に入ってるんだから、これにしよう」

弟子はみんな号泣。うちのかあちゃんは分け隔てなく、みんなを可愛がるからね。アタシには一歳年下だけど、年上で、母親であり、姉さんであり、アタシみたいな何も取り柄のないものをよくここまで育ててくれましたよ。

うちのかあちゃんとの出会いはね、鳳楽さんと圓橘さんとアタシが九蔵の当時、この楽松、朝治の三人が同期で年中酔っ払っていたが、落語の稽古だけはしていた。そのときに、「このなかで、誰が先に結婚するかな」って、だれかがいった。「圓橘さんだろうね。アタシは結婚しないよ」っていっていた。で、だれかに「理想はどういう人と一緒になりたい」っていわれた。

「理想はね、ちょっと贅沢(ぜいたく)なことといわせてくれる。そのうちのお母さんがいい人で、可愛がってくれて、お父さんも、ご兄弟も、甥っ子たちも、みんなアタシを好いてくれて、それで居心地が良くて、すっと座ると酒が出てきて、布団敷いて、『泊まんなさい』とか、そういうふうに、誰もアタシのことを嫌わないような、そういう家があったら結婚する。そこのうちの娘さんだったら」

そしたら、うちのかみさんの家だった。ホントにみんなに良くして貰った。それで、うちのかみさんは目立たないんですよ。まだお勤めしていたから、アタシたちが冗談いいながら、大騒ぎしながら、お母さんたち、おじいちゃんたち、兄弟たちとご飯を食べて、みんな温かく迎えてくれて、うちのかあちゃん台所で洗い物していて、背中なんですよ。そのときに赤いジーパンだった。それがすごい印象で、「格好いいなあ、あの赤いジーパンはいている人」。アタシは弟と友達だった。カメラマンで、寄席の楽屋に出入りできて、アタシの写真を撮ったり、談志師匠の写真を撮ったり、林家の写真を撮ったり、色々な写真を撮った子で、写真家の卵だった。その子をうちに泊めたのがきっかけで、「ぼくんちにも泊ってよ、あんちゃん」って。それで行ったら、そういうひとがいた。

それが理想の家で、もうアタシの天下ですよ。もう、うちに帰らなくて、とみ子に会いたくて、毎日寄席が終わったら、前座だから九時半に終わって十時すぎに行くと、お母さんがちゃんとお酒を用意してくれて、つまみを出してくれて。とみ子は飲まないし、後ろを向いて洗い物ばっかり。それで赤いジーパンが気になっちゃって、「格好いいなあ、あの赤いジーパン。ジーパンって赤いのあんだ」。年中、アタシが自分ちに帰らないで、酒飲んで寝ちゃうじゃないですか。それで、翌朝早く、師匠のうちに行くでしょ。そしたら、お兄ちゃんのお嫁さんが、「おばあちゃん、九ちゃん(アタシのこと)、とみちゃんが好きなんじゃないの?」「やめてやめて、あんなお酒飲み、厭だよ。おじいちゃんみたいになっちゃう」

　おじいさんがちょうど、中風で半身不随になっちゃったんですよ。

「どうなの九ちゃん」

「ううん、ううん」って、満更(まんざら)でもない言葉をいったんだね。「駄目、前座で結婚なんて、駄目」。そしたら一番上の兄貴が、「いいじゃないか、これ以上落ちようがないんだから」って、前座だから。そしたらおばあちゃんが「それもそうねえ、どうなの?」って。それで初めて、アタシが「うん」っていったの。一緒になることをとみ子の了解も得ないで。知り合いの女性社長が後でそのことを聞いて、「あれは凄(すご)かったですね」っていうから、「何かオレ喋った?」っていったら、「お父さん、酔っ払って喋ったじゃないの」。アタシのこと、「お父さん」っていうの。

　広いうちだったから、とみ子の部屋があるんですよ。かみさんの部屋、鏡があってその向こうが弟の部屋なの。こっちが居間で、みんなで宴会やって、わいわい。アパートを持っているから、お兄ちゃんたちの家族はみんなアパートに住んだりして。弟の部屋に行くときには、どうしてもかみさんの部屋を通らないといけない。そこに森進一の大きなポスターが貼ってあったんですよ。アタシは、「ああこの人、森進一が好きなんだ」と、思っていた。毎日泊りに行くんだ、アタシ。五日目に、森進一のポスターが消えてたの。

「それ、お父さん、愛の意思表示よ。絶対そうよ。お父さんのこと好きになっちゃったのよ」

「えーっ、そうかなあ?」って、満更でもなさそうに、「そうかなあ?」って。どこかに丸めて捨てちゃったんでしょうね。「わかんねえけどさあ。ただ剥がれちゃったんじゃあねえのか、風に飛ばされたんじゃあねえのか」って、こっちは思ったんだけど。そんなことがありましたねえ。その女社長が酔っ払うとアタシにいうんですよ。「とみ子ねえさん、お父さんのこと好きだったのよ」って。

みんなアタシを優しく迎えてくれましたね。「あっ、九ちゃん帰ってきたよ」って、オレの家じゃあねえんだよ。甥っ子たちもみんな「九、きょうは何を食べるの?」とか。みんなアタシのところに寄ってきて、冗談をいったり、身内みたいに。四人兄弟で一番上の、「もうこれ以上、落ちようがない」っていったお兄ちゃんが落語が好きで、アタシのことを贔屓にしてくれて、その人から十七年目に二番目の兄貴が生れた。間が全然いなくて、三番目にうちのかみさんが、それで弟のカメラマンが生れた。男三人女一人。二番目の兄貴が所帯を持って、目の前のアパートに住んでいた。たまにその実家に来るんだ。

「ああどうも、汚えうちですけど」とアタシがいう。

「これ、俺んちだよ。何かさあ、このうち九ちゃんに乗っ取られちゃったなあ」

そう冗談いってた。あまりにもアタシがそのうちに溶け込んでたから。あっはっはっは。何かあけっぴろげで、何か居心地がめちゃくちゃいいんですよ。まだ結婚も決まってないのに、噺家連中を連れて行くんですよ。酒飲まして、泊めて、居心地が満点のうちでしたね。おじいちゃんが、中風で半身不随になった。寄席がフリーパスだったほどの遊び人で、噺家にご祝儀を上げるようなおじいちゃんだった。小さん師匠が、「じゃあ、ぼくがみんなを集めて」という凄いメンバーで、近所の人を集めて十円で十円寄席をやった。その出演者にはギャラは全部、小さん師匠が払ってたんですね。よく、小さん師匠のお弟子さんが来て、宴会やってたんですよ。あたしは林家だから、関係ない。そしたらその弟が、「小さん師匠のお弟子さんも来るんだから、あんちゃんもおいでよ」。「オレが行ったってしょうがねえよ。おかしいよ」

弟がアタシのこと大好きになっちゃって、「あんちゃん来てよ。ボクだって、初めて人のうちに泊ったんだもん。お礼したいから。兄貴の嫁さん、お姉ちゃんが『呼んで来い、呼んで来い』っていってんだから、来てよ」。

それで行ったんですよ。彼がきっかけ。それで赤いジーパンの後ろ姿がいたんですよ。

談志師匠が真打ちになるときに、小さん師匠と一緒に挨拶に来たって。つばめ師匠までかな、小さん師匠が連れて来たのは。それぐらいのお旦だったんですね。アタシは小さん師匠には可愛がって貰った。前座時代に寄席が終わると、「お前ら行くぞ」って。小沢家と関係があるとは知らないときだった。九蔵、朝治、楽松の時代に「お前ら、酒強ええなあ。面白くねえ、お前ら酔わないから」って、小さん師匠の前で、ぐでんぐでんになれるわけがない。「すみません、すみません」

ある日、小さん師匠が小沢家に行ったんですって。おじいちゃん喜んじゃって。「小さんが来たぞ」。いや、まだ小さんになってないかもしれないね、小きん時代か。いろいろ酒出して、取りもんを取って、話を聞いて、飲ませて。小さん師匠はたいして飲む人じゃないから、食べさせて。「失礼します」って、帰っていった。そしたら、おばあちゃんが小さん師匠を追いかけて行って、「あんた、何しに来たの。まさか食べたり、飲んだりしに来たわけじゃないでしょ。話があって来たんじゃないの。なあに」

「実はちょっと借りたいものがあって」

「そうでしょ。だからわたしは思ったわよ」

おばあちゃんが懐からお札を出して、渡したって。それが忘れられないんでしょうね。普段からお世話になっているけど、自分の気持ちを酌(く)み取ってお金を渡してくれたおばあちゃんの、小沢さんの恩義を忘れないんでしょうね。小さん師匠の「試し酒」のなかで、「阿佐ヶ谷の小沢さん」って名前が出てくるんですよ。よっぽど世話になったから、その名前が出てくるんですよ。みんないい人なんですよ。アタシも居心地がいいわけですよね。いつも酒を飲んでいて、うちのかあちゃんはその背中で話を聞きながら「この男は」って思っていたと思う。それで森進一のポスターを外(はず)す……。あっはっはっは。かみさんには森進一の話はしないよ。そんなの聞きたくないもん。自分が自惚(うぬぼ)れてるみたいだもん。

2 「いずれ、ウチがお世話すると思います」

《その日は暑い日で、テレビのニュースも、その暑さばかりを伝えていた。「月に二回はかみさんの墓参りをしている」という好楽師匠は、おかみさんの月命日の十三日と月末には、欠かさず墓の前で手を合わせるという話をした。》

落語家は離婚が少ない。こういう商売だから、家にいなかったり、飲んで帰ってこなかったり、女を作ったりするじゃないですか。それをずっと家庭を守って、「ここまできたのは、かみさんのおかげだ」という気持はみんな必ず持ってますから。だからアタシも弟子に、早く結婚するようにいって、「子供を抱かせろ」「嫁さんを連れて来い」っていってね。一緒に食事したりなんかして、いろんなところに連れて行ったりして。噺家は家庭を持つと噺が変るといわれる。「芝浜」をやるにも、「文七元結」をやるにもひとりものが、ああいう噺をやってうまいったって、高が知れてるじゃないですか。

「何いってるんだい、あいつひとりもんだよ」

「えっ」って。褒めてても、どんな下手な演じ方をしても、所帯を持っていたら納得するんですよ。「それが常識的なことですよ」って、アタシはいつもいう。そんな感じですよね。アタシは前座のときに所帯を持っちゃったから、何も変わんないですよ。このやんちゃは直んない。かみさんは怒りながら、アタシを育ててくれたんですね。正蔵師匠、圓楽師匠、もうひとりの師匠がうちのかあちゃんです。小朝君が「兄さん、弾けちゃって、この頃、『笑点』ものすごく面白い」って。「当たり前じゃあねえか、一番怖い三人がいないんだから」「誰っ?」「林家正蔵、圓楽、おかみさん」。

あっはっは。「そういわれりゃあ、そうかもしんねえなあ。怖いもんねえんだ。三人いないんだから」。あっはっは。そういうことをいってましたね。楽屋雀は、全部見てるんですね。夫婦というものは陰でこそこそやったって、嫁さんは見てるわけですよ、様子がおかしいのは分かるんですよ。

「あたしのここにあった財布、お金がないんだけど」とか、毎日毎日、怒られてましたよ。「せっかくあたしが貯めたのに、何で持ってくのよ」

それが当たっているから何もいえない。

夫婦の見本は師匠の正蔵夫婦。良い師匠に付いて、いいかみさんを見てきましたからね。兄弟子の柳朝師匠のおかみさんも見てきたし、志ん朝師匠のおかみさんとも一緒にゴルフやったり、談志師匠のおかみさんとも今、一緒に飲んでいるし、師匠圓楽のおかみさんだって、うちの王楽を可愛がってくれているし、やっぱりおかみさんという存在は大きいですよ。

あるとき落語会に、橘家圓蔵師匠をゲストに呼んだ。売れっ子の師匠にね、「お世話になります」っていったら、「オレはお世話してるよ」って酒落（しゃれ）でいうじゃない。ああいう人だから、「オレはお前の亭主、お世話してるんだよ」って。

そしたらうちのかあちゃんが圓蔵師匠に「いずれウチがお世話すると思います」って。それいったら、師匠が黙っちゃったんですよ。圓蔵師匠が評論家の保田武宏さんと川戸貞吉さんに、そのことを話したら、「何いってんだい、タケちゃん(圓蔵)。おれたちだって、あのとみちゃんには勝てないんだよ」って、いったって。あっはっはっは。「ああ、そういう女か。じゃあ、しょうがねえなあ」。あっはっはっは。

ある日、芸術協会の若手が飲んでたんですって。飲んでいるうちに、話題がね、噺家のかみさんっていうことになった。

「ところでさあ、噺家のかみさんで、一番倖せな人って誰だろう？」っていうことになった。そしたら、誰かが、「そりゃあ、好楽兄さんのおかみさんのとみ子姉さんだよ」って、いった。みんな「ああ、そうだよ」って、いったんだって。とみ子の存在が浸透(しんとう)してた。

楽太郎の六代目円楽の別れた前の女房がね、「落語界の尊敬するおかみさんナンバーワンはとみ子姉さんだ」っていってましたね。「とみ子姉さんしかいない」って。みんなそう思っているんじゃないですか。師匠の圓楽が「噺家のかみさんのなかでは、とみちゃんが一番ちゃんとしている」って。「ちゃんとしている」っていうのは、師匠が好きな言葉で使っていて、褒(ほ)め言葉ですよ。

こんなガキがさ、ここまできたのは、うちのかあちゃんのおかげに決まってるじゃない。お金があれば全部使っちゃうしさあ、うちに帰んないで飲んでて、うちに帰らずに新幹線に乗って仕事に行ったりしてたし。それで、暇になれば競馬やってるでしょ。

「あんたは病気ね。勝ちもしないのにそんなことばっかりやって」

ずっとやってると、「この人しょうがないなあ」と思うんだろうね。日曜日、娘の亭主がマメだから「パパの車で」って、色々なところに買い物に行く。「お父さん、うちで競馬やってなさい」

「はいっ、わかりました」って、ひとりでずっと競馬やってるの。もう病気。ここまで病気になりゃあ、いいじゃない。あっはっはっは。

圓楽師匠がぐっと黙っちゃったことがあるんですよ。師匠の十八番の「浜野矩随」。あれを「あのさあ、あたし今度ラジオでやるから、とみちゃんに聞かせとくれ。感想を聞きたいんだ」って。うちのかあちゃん、落語なんかまったく興味ないし、王楽が落語家になってから、初めて落語を聞くようになったんだから、自分の息子だから。アタシの落語なんか興味ないから、王楽が喋りはじめたら、「あら、落語ってけっこういいもんねえ」。

「何いってんだよ。オレが落語家じゃねえか」

それで小朝君に頼まれて、銀座落語会のときに「トークショーをやってください」って。で、「兄さん司会やって、ゲスト、圓楽師匠で一時間半、トークショーをやってください」って。お客さん満員ですよ。

「今日のゲストはアタシの師匠の五代目三遊亭圓楽です。どうぞ、師匠」

「はいはい。なんだいっ、きょうは?」って、喋ってた。「そうそう師匠、こないだうちのかみさんに師匠の十八番の『浜野矩随』を聞かせてくれって、いったんですよね、師匠」

「そうだよ。なあんつってたんだい、とみちゃん」

そしてアタシがいったらね。師匠、黙っちゃったんですよ。「師匠、本当にお母さんが大好きだったのね」って。ズバリ、当てられちゃったんですよ。素人のうちのかあちゃんに。あの落語を聞いただけで。一分間、口聞かないの。何も出てこないの。その通りいわれたから。師匠はお母さん子だったから、だから、すごい間が長かったですね。それをみんな仲間にいったら、「すげえっ」っていってましたね。

「とみ子姉さん、すげえなあ」

「ズバリだよ」

総領弟子の柳朝夫婦のところ、小朝君の師匠の柳朝兄さんのところへ病気見舞いに、年中行ってました。おかみさんも大好きでしたしね。師匠も亡くなって、都営住宅をアタシが探してあげて、入れたんですけど、おかみさんが一人になっちゃった。柳朝師匠のおかみさんのところに、アタシと二人で行く。

「おかみさん、大丈夫？　元気出してよ」

「大丈夫よ、亭主いなくったって」

「じゃあ、帰りますからね」

夜十一時ごろ、「失礼しまあす」って、そこからタクシーで東武東上線の成増駅なんですよ。それから池袋に出て、当時住んでた西日暮里に帰るんですけど、成増の駅に着いたらウチのやつが、

「おかみさんひとりで心配よね」。

「心配じゃないよ、平気だよ。いつも慣れてんだから。亭主は生きてるときから遊び惚(ほう)けて、帰っ

て来なかったんだから」

「そうじゃないの。ああいう人こそ、ぽつんとひとりになって、自殺しない？」

「自殺なんかするわきゃねえよ」

「あたし心配なんだけど」

「じゃあ、戻ろう」って戻って、それでピンポンって鳴らしたら、

「何だいっ。忘れ物かい？」

「きょう、おかみさんのうちに泊めてくださいって来たんですけど」

「えっ、泊ってくれんの」

あのときの、おかみさんの顔を忘れないですね。嬉しかったんだね。そういうの、何回もあるんですよ。一応、成増駅まで行くんですよ。「さようなら」って。それで、うちのかあちゃんが「心配だから」って。「また戻るのかよ。まあ、明日は何もないから行こう」

「えっ、また泊ってくれるの」って、おかみさんの顔が嬉しそうだった。一番好きだったみたいね、柳朝兄さんのおかみさん。正蔵師匠のおかみさんも好きだったけど、いつもうちの忘年会に、「おかみさん呼ぼう」って。柳朝兄さんのおかみさんも喜んで来てくれましたね。

最後はマネージャーで、旅も一緒だったからね。切符は全部アタシが持ってまして、（高座の写真を指さしながら）この人はお嬢様だから。改札を通る時は自分で持たなきゃあ駄目でしょ。終っ

たらアタシにぽんと渡して、アタシがポケットに仕舞って、また出るときに渡して、全部アタシがやってあげる。必ず手を出すと渡すんですよ、無言で。あっはっはっは。晩年は十年ぐらいですかね、一緒に旅をして。師匠が作った星企画をやめて、圓楽もアタシも離れたでしょ。それからもう、うちのかあちゃんが全部、個人事務所でやって、日本全国行きましたね。外国も吉本興業の仕事でタイに行きましたし。

外国旅行ではいい思い出はないですね。大体、へまするんですよ。グアム島とか、子供たちを連れて行こうと。行き方わかんないじゃないいじゃないですか。うちの好吉が、あいつは神戸大学で頭がいいから。

「好吉、外国行くんだけど」

「分かりました」「取りました。……です。それでホテルはこれです」

行ったらとんでもないホテルで、山の上のホテルなんですよ。グアム島で、山の上のホテルに泊る人いますか。うちのかあちゃん、かんかんになっちゃって、怒っちゃって。で、本社に電話して

「もっと海に近いところに替えてよ」って。

「でもおかみさん、お金かかりますよ」

「お金かかってもいいから、替えてよ」

ホテルを替わったら、その前がプール、その先が海。それで女たちは買い物をして、アタシは孫たちが泳いでいるのを見てる役なの。

最後のグアム島が、また好吉が高級なホテルを取ってくれた。シェラトンを「いいね」っていったの。バスで移動するじゃないですか。飛行機から降りて順番に、ここのホテルに泊る人、ここのホテルって。アタシたちが最後なんだ。そのうち、「あれっ」っていったの、前の女の人が。「シェラトンってそんなに遠いのかよ」っていったら、外れなんですよ。買い物をしたい女たちには何もないところなんですよ。高級なホテルでもプールがあるだけで、子供たちはプールがあるからいいよね。女たちは、「何っ、バスに乗ったりタクシーに乗って買い物に行かなきゃいけないの？」。

後ろを向いたよ、うちのかあちゃんは。

「お父さん、何考えてんのよ」「いやあ、好吉に頼んで……」「だから海の前って、前からいってるでしょ」

そう、いつも怒られるの。それが最後のグアム島旅行。あっはっはっは。オレも、「おかしいな。どこ行くんだ、これっ。シェラトン、どこなんだよっ。外れじゃねえかよ。そんなとこ、とみ子は一番嫌いだよ」。

目の前で買い物したり、夜遅くでも灯(あかり)がともって、人がぞろぞろ歩いている姿が好きだから。また失敗して、ろくなところに泊んない。

飛行機で（六代・桂）文枝さんと一緒になったんです。

「ああ、どうも」って。それで文枝さんの耳元で、「あのさ、旅をね、かみさん連れて行くようになったらおしまいだね」。

「そんなこと、ありまへんが。結構ですわ」

向こうは恐縮していってたけど、アタシはそういった。あっはっはっは。

3　人生について

どんな人生か、死ぬまで誰も分からない。ものすごい長寿の人がね、熱いお風呂に入って火傷(やけど)して死んじゃうとか、どこか海岸から落っこちて死んじゃったとか、トイレ入って出てこないからあけたら死んでいたとか、そんな亡くなり方の話はいっぱい聞いてる。後輩のわれわれは、先輩の話を聞いてる。アタシはそのなかに入る死に方をするのかなと、常に思ってますけどね。死ぬから自分では絶対に分からない。老衰ってどういう気持ちで死んでいくんでしょうね。蝋燭(ろうそく)が消えるように、ああ、あれいいなあ。アタシの理想はみんなに囲まれて、「どちら様も、お先でございます」っていって死んでいく。そんなかっこいい死に方は絶対しないかな。「助けてくれ、助けてくれ」って。あっはっはっは。

人の人生で倖せっていうのは、どうなんですかね。すごい苦労した人がだんだんだんだん良くなってきて、いい気分で死ぬってことは、最高にいいことなんだろうけどね。でも苦労というのは、あったほうが絶対にいいですね。苦労があると、他の人にも優しく接することができるもんね。ワンマン社長は自分だけで、人が見えないじゃないですか。「この会社オレが作った」「お前ら給料貰って、ありがてえと思え」という考え方は、絶対にやってはいけないことだと思うね。「この会社はみなさんのおかげで成り立っています」と本当に、芯から思っていないと、世の中うまくいかないです。

苦労は絶対に必要。若いうちには一杯苦労したほうがいい。昔の人はよくいうじゃないですか。「若いうちに苦労しろよ」って。「歳取って苦労すると、それに耐えられないんだから」って。若いうちは耐えられる。失敗は全然、苦にならない。失敗したら、またやり直そうと思うじゃない。歳取ったら、失敗は取り返せないもん。若いうちの教訓が生きるから、歳取ってからうまくいくんでしょ。

《この日は好楽師匠七十七歳の喜寿の誕生日の翌日で、錦笑亭満堂の真打ち昇進披露興行があった佐渡、新潟から戻った翌日だった。全く疲れた様子もなく、いつものように迎えてくれた。》

佐渡島にまず行って、宴会やって、泊って。次の日、温泉に入って、公演をやって、新潟に渡って、ホテルに泊って、温泉に入って。温泉に五回入りましたよ。その前の浅草演芸ホールでの真打ち披露興行は、自分のホームグラウンドにいるみたいな感じ。やっぱり特別な会というのは、最近ではそっちのほうが多くなりましたけど、だけど、本当は寄席ですよ。手伝う後輩たちが勉強になりましたよね。自分たちもいずれは真打ちになるんだから、披露目があるということだからね。だからいいんじゃないですか。そういうところが勉強ですからね。

浅草のときは高座で、柳朝師匠のおかみさんの話をした。笑福亭鶴瓶くんといつもいうんですけど、「兄さん、本当の話、ボクはやっているんですわ」。人間って作り話はトチるんですよ。自分の本当の話、面白く喋っているじゃないですか。本当に面白かったから、「こういう人だったんですよ」って、すらすらと出るんですよ。だから、あれは創作したわけでも、何でもないんですよね。大好きだった人のことを思いだして喋る。それが逆にお墓参りのつもりで、感謝の気持ちをこめて、恩返ししみたいな、その人をまた蘇らせてやるというのが、われわれの務めだと思うんですよ。

高座にあがってから噺を決める。だいたいね。若手の人が「勉強に来ました」っていうと、「何を勉強するの？」。

「師匠、これからトリで何を喋るんですか？」

「決めてないよ」

「えっ決めてないんですか？」って、びっくりするんですよ。「今日は絶対これをやる」というときはありますよ。みんなにいっといて、「これやらせてくれ」とか。それ以外は何をやるかわかんないんですよ。喋っているうちに、「ああそうだ、誰かが喋っていたな」「これくっついちゃうなあ」「違うな」っていって、まくらを喋りながら、自分で決めていくんですよ。決めて噺に入った途中で「何でオレこれやっちゃったんだろう。これはしんどいんだよ。仕込まないとなんないから」って、そういうこともありますよね。お客さんが「この噺どうなっちゃうんだろう」って、聞き入ってくれるから、まあそれはそれでよしとして、いいんじゃないですか。そういうハプニングもありますよね。寄席というのは、皆先輩たちがそうやってきたから。「きょうは何やんのかな、この師匠は。えーっここで入んのかよ。うわー初めて聞いたな」とか。周りも勉強なんですよ、寄席は聞こえるから。失敗することもあります、あります。昔は色々、試行錯誤して、違うふうに持っていきましたけど、今はずうずうしく、七十七になると、「ああ、いけねえ、間違えちゃった」と、どかーんと受ける。あっはっはっは。「七十七じゃあ、しょうがねえか」って。あっはっはっは。

個人差はあるだろうが、アタシはくよくよしない。失敗しても、反省しない男ですから。あっはっはっは。だって酒飲んで失敗したら、酒飲まないという理屈は合わないもんね。酒飲んで失敗しないというのが、人間を磨くことでしょ。柳朝兄さんの「飲んでもいいから、気を遣え」というその一言で、ああそうかと。その一言がきいてますよね。

噺の稽古は二百席しました。噺を覚えるために。歯が立たなかったり、自分にも向いてなかったり。「これはアタシの体に合ってないな」とか。合ってないなと思ったものがやってみたら、「合ってた」とやりはじめるとかね。年月が経つとその噺に自分が合うようになる、昔やって失敗したからって。だからアタシはいうんですよ。「この噺は苦手だよ」って、師匠の圓楽がいったとき、「師匠、絶対やりたくなるときがありますよ」っていった。師匠は「そうかい」っていったけど。絶対、噺家っていうのは、やりたくなるんですよ。自分が失敗したやつ、ある年齢になるとできそうだっていうので、やったらよかった。やっているうちに自分の生き様がだんだん近くなってきたような背景があって、この噺はそういう噺だから、ちょっとやってみたくなる。若い時は失敗したけどって。そしたらよかったり。「それじゃあ、これはアタシのものにしよう」ってんで。そういう人が多いですよね。だから二百席覚えたって、今急にやれったって、三十席くらいですよね、すぐできるのは。あと稽古をやればやれるっていうのは、八十席くらいですかね。あと百二十席はとてもとても。

噺が年齢とともに変ってくる。噺家になって一番嬉しいのはそういうことですよね。他の社会では考えられないでしょ。歳を取ればとるほど。だって役者さんだって、主役の人が脇役になる。ところが落語家はずっと主役でいいんだもん。全部一人だもん。うまいまずい関係なく、ひとり。ずっと主役を張っていられる。こんなありがたい職業ないですよ。自分の好きな道に入って、よかったなって。落語を喋る噺家がいるっていうことだけで、嬉しいんですよ。同じ噺をするのに、みんな違うでしょ。「野ざらし」をやっても、みんな違うじゃないですか。口調から、声の質から。だから凄いなと思うんですよね。

落語家になっていなかったら、他の商売は豆腐屋でしょうね。「油揚を毎日食べられる」って。簡単なんですよ。あっはっはっは。

4　師匠は人生の師

《立川談志師匠は元気な頃は、自分の最後の姿まで曝け出して、自分のことを見せる、そのことが落語家のドキュメンタリーだとわたしにいっていたが、実際には家族はそのことを拒否して、一切見せることはなかった。》

家族にしたらそうですよ。みっともない姿の自分の旦那や自分のパパの姿は見せたくはない。正蔵師匠は献体して、白菊会に自分の体を寄付した。生前に約束するんですよ。亡くなると家族は、「やめてください」ということをいうじゃない。最終的には親族が決断する。それまで年間に一つか二つしかない献体が、五百遺体だった。林家正蔵の勇気をアタシもこの体をお役に立てれば、「どうぞ」って。今まで一つか二つしかなかったものが。師匠のその行動をマスコミが伝えた。全国から五百遺体。まだ死んでいないんだけど、献体してくださいっていう人が、五百倍になったんですよ。そういう江戸っ子の格好良さですよね。江戸っ子しか出来ないですよ。林家正蔵の心の真髄ですよね。あの林家の生き様。ずっとそのことはいってました。アタシが十九歳で入ったとき、師匠は六十九歳で、五十歳の差がある師匠が、「あたしは献体する」といってました。「あたしは献体するからね」って。普通に、喋ってました。そのころは意味が分かんないじゃない。十九、二十のアタシたちにはどういうことか。だんだん死に近づいてきて、「いいのかなあ、家族許しちゃうのかなあ」と思ってた。
「お父さんのいう通りにさせてあげてください」って身内が全部いいましたね。うちの師匠は凄いですよ。アタシは潔く死ねるのかなって。献体とかそういうことよりも、自分の生き様がどうもみみっちい。何かおろおろしながらとか、そういうのは厭だなとか、亡くなるときにね。「あんとき、あのカネ使わなきゃよかったな」とか、「シャツ買っときゃ良かったな」とか。結構人間臭くって、柵が。「あんなに格好いいこといっていたのに、死ぬときはみみっちい死に方したな」とかいわれて。あっはっはっは。
《都内のホテルの宴会担当者が、テレビで好楽師匠の喜寿を知り、師匠の自宅にお祝いに訪れた。好楽師匠は対応しながら、この取材のことを話して、これも縁だから、本が出たときの出版記念会は、ぜひそのホテルでと笑った。》
自分の身内を含めてお通夜、お葬式、五百以上行ってるからね。噺家はだいたい、みんなそれくらい行っているんじゃないですか。仲間は当たり前でしょ。それからお客さま、色物、あとは身内、親戚、お世話になった近所の人たち、学校の先生、同級生……一杯いますよ。それは当たり前だと思ってますからね。お互いさまですよ。そのときにはその人との思い出を、こういう風にいわれたなとか、このお客さまはいいことといったなとか、この人は皮肉なことをいったが死に顔は綺麗で心は綺麗だったんだなとか、色々と思いますね。その人に携わったことを思いだして、それでお参りして帰ります。

これまで通夜・葬式には五百くらい、お寺さんにもそのくらい行ってる。お通夜、葬式と行くわけですからね。ダブルで行くわけですからね。あと、その方の一周忌だとか、お世話になった方のお墓参りとかに行くじゃないですか。お通夜、葬式に通うよりも、お墓に通うほうが数倍多いですね。

だってさあ、うちの子供たちが友達を連れてくるじゃないですか。うちがお通夜とお葬式というじゃない、子供たち連れて行く。「何それ?」っていうもの。都会の子だよ。その都会の子が、「お通夜、人が亡くなったんだよ」。一度も経験したことがないっていう子が、圧倒的に多いですよ。われわれが何かおかしいのかと思っちゃってね。「落語家のうち、おかしいのかな」って。

お通夜、お葬式、結婚式、法事、年中やっているじゃないですか。誰かしらお世話になった大先輩が亡くなっているから、お客さんや親戚や。「あたし、結婚式に一度も行ったことない」という子供がいたり、「あたし、お通夜と葬式に行ったことない」という子供がいたり。噺家はみんなやっていると思うんですけどねえ。自分の師匠の墓参りに、欠かさず行くっていう人もいるしね。気になる人はやっぱり行きますね。師匠の林家の影響ですかねえ。自ら自分でお墓参りに行っていましたからね。一緒に共にした、苦労した仲間が先に死んだ、その人のところにお墓参りに行くという、そういうことはやってましたね。だいたいひとりで、アタシが入ったときには七十の寸前だったから、おかみさんも心配だから、「あたしも付いて行く」って、付いて行ってた。兄弟子がいうには、その前はひとりで行っていたらしい。そういう影響かな。何かというとね、お線香の匂いが必ずしていましたから。自分のうちの仏壇にも手を合わせたし、家の前でも線香をあげて、手を合わせていた。お参りをしていることだけしか、分からないですけどね。信心深い人なんだなと思った。そういう環境だったですね。大好きな師匠だったから、そういう師匠の真似みたいになっちゃう。でも、自然でしたからね。師匠のうちをお掃除していると、仏壇は師匠やおかみさんがやった、長火鉢の上にある神棚はアタシがひとりで、全部掃除した。神棚の掃除をしながら、師匠とおかみさんの会話を聞くのが楽しみで。上から、「へえ、そんなことがあったんだ」って。「この子は本当に、神棚を掃除するねえ」と、ニコニコ笑っているのを見たことがありますけど、他の兄弟子や弟弟子が神棚を掃除しているのは、見たことがありませんからね。アタシしかやんない。この世界は「こうやるんだよ」ということは誰も教えないからね。今でも神棚と仏壇はお参りしています。水は、毎日替えています。弟子にも子供にもいうもんじゃないから、アタシが自分でやっていることだから。アタシは師匠を見て、こういうもんだなと。

息子の王楽は、「お父さん、今日は五代目のお墓参りに行くからね」っていうから、「はいっ。わかりました」。それで一緒に付いて行って、お墓参りする。「きょうは柳朝師匠の墓参りに行くからね」って、兄さんの墓参りに。

結婚式の司会もよくやりました。五十七年落語家をやっていると、前半はそういう結婚式の司会ばっかりでしたね。知り合いが「お願いします」っていうのよりも、仕事で事務所が、「結婚式の司会が来ましたよ。行ってください。どこそこのホテルですよ」なんて。そういうのが圧倒的に増えちゃいましたけどね。その前がキャバレーの司会ですよ。われわれの先輩は。アタシたちはそれはないの。キャバレーがだんだんなくなってくる。アタシの兄弟子とかは、キャバレーの司会ばっかりだった。時代背景がある。キャバレーが花盛りのころは、キャバレーの司会が収入源だった。小咄をやりながら、マイクでショーを受け持って、司会をするという仕事が。アルバイトはみんなそれでしたから。その後、アタシたちが結婚式の司会。

今の若い人は売れないときは何で生活をしているか。だからカネがなくて死んだやつはいないんですよ。どうやって生きているのか、アタシも分かんない。「お前、どうやって生きているの？」っていいたくなるけど、ちゃんと食べて、生きているもんね。結婚して、「一人口は食えぬが、二人口は食える」って、落語にも出てくるけど、そういうのもあるんじゃないですかね。弟子に仕事をあげるのは当たり前ですよ。そうじゃなきゃあ、一門じゃないじゃないですか。常にうちの娘が「きょうは、……に頼んだから」と弟子に順番に頼む。それが普通じゃないですか。

談志師匠のお弟子さんが一緒に飲みに行ったら、「師匠、ひどいんですよ」。談志師匠が真夜中に弟子にお使いを頼む。今のようにコンビニが夜中まで営業している時代ではない。

「お前、コロッケ買ってきてくれ」

「師匠、どこもやっていません」

「そこがお前の仕事だ。お前の力で、オレのコロッケを買って来い」

無理難題も、ひどいもんですよ。それで映画でいうと画面が変わります。とぼとぼ夜道を歩くシーン。画面が変わり、今度は明るいところで鍋の油にじゅーっと、コロッケが投入される。眠そうなコロッケを揚げているおじさんがいて、「落語家、大変だなあ。お前の師匠は無理難題をいうんだなあ……はいっ、揚がったよっ」

あっはっはっは。そういうのを思い出すと、笑っちゃうんですよ。それでコロッケを持って帰ると、談志師匠は「オレ一個でいいから、あとはお前、喰え」。何だよ、食べたくねえんだよ。ただ試すんだよ。談志師匠はそういう遊びをやってましたね。眠そうな親爺が「そうか、油温めるから」と、いいながら。アタシはいつも想像するんですよ。「大変だなあ、噺家の修業は」って。あっはっはっは。しばらく町内を回って、「師匠、どこも起きていません」というのが普通だよね。肉屋のおやじを叩き起こして、コロッケを揚げさせたっていうんだから、おかしくって。そのシーンだけは映画にしたら面白いだろうな。アタシたちの世界は、世間から見たら異常かもしれませんね。いくらワンマン社長でも、そんなことはあり得ないでしょうね。絶対無理なことはやらせないでしょ。

毎日が飽きないですね。先輩たちのそういう、いろんな話を聞いていると。こんなに威張っているの。こんなに前座の仕事を見て、注文を付ける人がいるのとか。凄い毎日、面白かったですね。楽屋噺が一番ね。帰ってくると兄弟子と喋るの。あの師匠がこんなことといってる。えーっ。すべて楽屋の話を兄弟弟子で喋って、酒を飲んでいた。いかにみんな寄席の楽屋が好きかって分かりますね。先輩たちはみんなそうやって喋っていましたから。兄さんたちは面白いからどんどん酒を飲んで、裏からアタシが酒屋に酒を買いに行ったって、分かるでしょ。こんな面白い話が途切れたら、厭だもん。「こんな楽しい話、もっとあるだろう」って。

5　弟子の恩返しはいらない

満堂の武道館、八千人はどうなるんだろう。もしも八千人集まったら、逆立（さかだ）ちすると口上書に書いた。談志師匠がもとなんですけど。作詞家の山口洋子さんが談志師匠に「師匠、凄い上手な男の子、連れて来たわよ」っていった。

「へえっ、誰だ?」

「この子、歌が物凄くお上手。いままで聴いたなかでは、一番かもしれない。この子売り出したいの。私が作詞して、平尾昌晃さんに作曲して貰うの」

「どいつだ。こいつか。お前か。お前が売れたらなあ、オレが銀座の街を逆立ちして歩いてやる。約束するぜ」と、談志師匠がいった。その話を談志師匠から聞いた。

「それ師匠、誰ですか?」

「五木ひろしだよ」

「で、師匠。逆立ちしたんですか?」

「うるせえ、この野郎」

あっはっはっは。そういうやり取りがあったの。それを思いだして、口上書に書いたの。あっはっはっは。

満堂、あいつが佐渡で、顔をぶつけたといって遅れてきて、あいつのお客さんをアタシが一人で全部、お相手したんですよ。アタシら下で飲んでいて、あいつのお客さんが上で待って飲んでるの。「満堂さんが来るのを待ってる」って。あいつ遅れてきたでしょ。しょうがねえから、オレが上に上がって、「ああっ、師匠」って。おばちゃんとハグなんかしちゃって、写真撮ったり、歌唄ったり。そこへあいつ、やっと来たから。「やっと間に合いました。このバカが」って。それで、「とむさん、おめでとう」って、盛り上がって、「何でオレがお前のためにやらないといけないの」って。当人が一番大変だから、アタシはやっているんですよ。オレとか楽屋に気を遣わなくていいから、お客さんに気を遣っているんだから。落語、トリ取んなきゃいけないんだから。アタシがいちいちいったら、おかしくなっちゃうから。のびのびやるのがあいつの性格なんだから。それをアタシが止めちゃあいけないいんですよ。

お客さんへの姿勢は誰からも教わらない。アタシはそれがいいなと思ってやっているだけで。昔からアタシは、どこかのホテルでパーティをやったら、お客さんの顔を見て喜んでくれているのかな、飲んでくれているのかなって、そればっかり気になりますからね。わざわざ大金を持って来てくれた方が、「楽しかった」っていってくれないと。それが仕事じゃないですか。落語を喋って帰すのもいいけど、パーティで喜んで帰すのも、仕事じゃないですか。アタシはそう思うんですね。

弟子には伝えてない。アタシの姿を見て分かるでしょ。師匠の圓楽はあのでっかい体で、お礼をいうときに、九十度深々と頭を下げた。それを見て、うちのかみさんが感動して、「師匠は偉いわよ。どんな人にもこうやって頭を下げる」。ああいう大きい人がそうやると目立ちますよね。アタシは師匠の真似をして、深々と頭を下げ「ありがとうございます」。向こうにしてみれば、悪い気はしないんですよ。ちょこっと頭を下げるだけだと「たいしてこの人は感謝していないな」と思われる。だから「うちの弟子のために、ありがとうございます」と、深々と頭を下げる。そうやるのは当たり前ですよ。

《浅草演芸ホールで錦笑亭満堂の真打昇進披露興行があった。三十一日の余一会として行なわれた。会が終って少年がひとり、楽屋口の前で、サイン色紙を握りしめて、好楽師匠が出てくるのをずっと待っていた。師匠は少年の色紙に、名前を聞いて「一期一会」の添え書きをしてサインをした。ホールの前で写真撮影を頼む人たちにも、気軽ににこやかに、それに応じていた。》

去年、神社で見つけたのが、「礼儀ほど美しいものはない」(渋沢栄一)って書いてあった。あんな偉い人が、こんな言葉をいうんだって、感動しちゃって。脇から見ていてお辞儀しているのを見ていて、言葉は聞こえなくても、「お礼をいっているんだな」と、見ていて美しい。渋沢栄一の大きさが見えた。ああこれは良い言葉だなと、やっぱり礼儀は大事ですよね。「親しきなかにも礼儀あり」というのは本当にそうですよね。本当にありがとうというのは、頭を下げますよ。「ただ頭を下げるだけの安っぽいお辞儀はするんじゃないよ」って。弟子たちにもね。入りたての十八歳の孫弟子に、その子にいうと、みんな伝わるじゃないですか。壁に掛けた先輩たちの着物が曲がっていて、「お前、駄目だよ。こうしないと。こうしたほうがいいだろ」といったら、それから、寄席に行くと、この子がきちんきちんと直しているんですよ。たった一回の注意がね。前座の先輩たちも。たった一回のことで、みんなが学ぶんですよ。みんな見ているから。みんなにいっているんですよ、アタシは。その子にいえば、みんなに伝わるじゃないですか。みんなそうやって、小言をいわれたんだから。アタシたちがみんな、同輩が怒られていたら、反省しますもんね。「ああいうことやっちゃあいけないんだ」「お前が悪いっていうよりも、オレたちを怒っているんだな」と、そういう風にとらえましたね。それが勉強ですよ。楽屋の勉強。

アタシは一番素晴らしいと思うのは、寄席は楽屋が同じだということですね。新宿末廣亭の場合は名人が四人火鉢を囲んで、ここに姿見があって、一番偉い人はココって決まっている。二番目はこの人、三番目はココ。四番目はココって決まっている。小さん師匠は当時、ここに座れないから、二階に上がる。それを見てきました。

歌舞伎の世界はそれぞれ部屋があるからね。アタシはいつもそれをいうんですよ。歌舞伎の世界は楽屋を一つあてがわれる。大部屋ですごす人は名代以下の人。われわれは名人、上手、真打ち、二ツ目、前座、見習い、色物、お囃子さん、同じ部屋。「えっ」て、みんな驚きますよ。だから勉強になるんですよ。何やってもすぐに目立っちゃうから。きちっとしていないと。前座さんも隅っこで座っていて、ゴミ箱を用意したり、すぐにお茶を淹れたり。一番の教え。これは一番の勉強の場所ですね。笑うときはみんな一緒に笑うでしょ。「聞こえるよ、客席に」「笑うんじゃない」「お前が笑うから、オレも笑っちゃう」。それはもう、凄い楽しい先輩のときですね。あとはぴりぴりしていますけどね。それもまたいい。「今日は一番偉い師匠、何か厭なことがあったんだな」と分かる。空気で分かるから、ドジを踏まないように、失敗しないように、一緒に緊張している。それはいいことですよ。自分の一門だけじゃないからね。ほとんど違う一門が来るわけだから。偉い人も下の人も。色物も、癖のある人、穏やかな人、いつも機嫌が悪い人とか、全部が勉強。だからアタシはそれを見てきたから、「ああいう人にはなりたくないな」「ああいう人の言葉は棘があって厭だな」とか。それをぜーんぶ淘汰した上であるのが、アタシの今の体なんじゃないですかね。自分が意識してこうなろうとか思わないけど、ただそうやってきた年輪が、そうさせるんですかね。

6　師曰く「おい、老いっ」

《この日は好楽師匠の姿が自宅の前の道路にあった。その後ろ姿が地下鉄駅から歩いていると、遠くから見えていたので、挨拶をしようと少しだけ早歩きをしたら、その背中が遠ざかる。どこかに行くのかなと思ったら、自宅の斜め前のゴミ置き場に。自販機の上にとまったゴミを狙うカラスを追い払っていた。カラスが置いているゴミを漁るために、掛けてあるネットを結わえている紐を解くのだという。そのために、ゴミを狙っていたカラスを追い払っていた。好楽師匠は町内のゴミま

で、守っていた。》

アタシは文楽、志ん生の最後の高座に立ち会った。偶然だけど、今現在、存命中の先輩から後輩から、誰ひとりそういう経験はないですね。アタシしかいないよね。柳橋師匠、今輔師匠、小文治師匠……みんな見ているし、話もしたし、それはアタシしかいないでしょうね。それは落語家が大好きだったんで、その人のそばにいると何か色々なお話が聞けるんじゃないかと、噺以外に色々な経験談が聞けるんじゃないかと、そういうのをぽろっと漏らす人がいるじゃないですか。「実はお前さんね、アタシはね」って、喋りかける人がいるじゃない。アタシが前で、嬉しそうに聞くから、向こうも話しやすいんじゃないですかね。お前、あたしに興味があるのかという顔をするから「はあ、そうですか」と、興味なさそうにいったら、その人は話を打ち切りますよ。

「実はあたしは若いときにこうだった」「えっ、師匠、それでどうしたんですか？」

アタシが身を乗り出すようにして聞くでしょ。アタシの聞き方がわざとらしくないんですよ。自分が本当に好きだから。そういう人の経験談が落語よりも、そっちのほうが気になっちゃうんですよ。こんな人がこんな経験をしたんだって、そう思うわけね。

《黒門町の師匠と呼ばれた八代目桂文楽は昭和四十六年（一九七一年）八月三十一日、国立劇場小劇場での落語研究会で「大仏餅」を高座に掛けたが、台詞を思い出せず、絶句した。「もう一度……勉強をし直してまいります」と、高座を降りたことは有名だ。この後、文楽は二度と高座にあがることはなかった。そのとき高座の袖に、好楽師匠は前座でいた。》

これもしかしたら黒門町の最後の高座になるなんて、分かるわけがないじゃない。

「もう一度勉強して、出直してまいります……」

えっ、こんなことありって思ったもんね。こんな終わり方するんだ。でも、また立ち直って、出るだろうと思っていたら、それが最後の高座でしたから。それでずーっと出なくて、その後、お亡くなりになられた。思い出すことはないが、ただ訊かれたら、「そのとき、いたんですか?」「ええ、そのとき、ボクいましたよ」と喋りますよ。そのときは高座の袖にいました。そういうときはアタシは、圓生も、正蔵も、小さんも、みんな袖で聴いていますからね。だからうちの王楽がいうじゃないですか。「落語家はいいね。名人、上手をタダで聴ける。こんないい商売はない」って。「今日は師匠、乗っているな」とか「今日はノリが少ないな、何かあったのかな」とか、色々と考えながら聴いている。それも楽しみなんですけどね。

《好楽師匠は偶然だが、古今亭志ん生師匠の最後の高座にも立ち会っている。》

「二階ぞめき」って書いてあるんですよ。イイノホールで。志ん生の「二階ぞめき」を聴けるんだと思っていたら、途中で二階に上がったら、「王子の狐」になっちゃった。なるほど、志ん生師匠って面白い人だなって。マネージャーの美津子姉さんが付いてきていて、モップでもって、後ろからつつくんですよ。後ろが黒い幕でしょ、屏風があって。「とうちゃん、違うわよ。とうちゃん」って、やっているんです。

「何だ、この親子は」って思って、それを見た。

アタシはみんな仕事ですよ。前座で太鼓叩いたり、太鼓が終ったら師匠が座るんだから、そばに行って聴いてる。「やっぱり、名人は違うな」っていいながら、聴くわけです。だいたい前座は二人で、ひとりは太鼓を叩いて、アタシは高座返しのほうだった。運命だとか、何とも思ったことない。たまたまそうだった。人の不幸とか、刺されたとか、オートバイにぶつかったとか、そういうのを七十七年間一度も見てないですよ。人の不幸をね。家賃の苦労も一度もしたことないし。ずっとガキ大将でみんなに奢（おご）っていて、それをいまだにできるってことは、アタシはそういう運命なのかな。そういうことは思いますね。この歳になってね。若い時にはそんなこと思ったことない。

「明日、何やって遊ぼう」「今日は、どうやって飲もうか」とか、それだけ。

歳をとって、高座で噺を忘れます。まだ取り返しが付くのは、あとから、「そうだ」っていって、名前出てこないでやっていたじゃない。それで思い出すとね、やたらしつこくそいつの名前をいうの。あっはっはっはっは。「熊五郎、お前、熊五郎よう」って。「この人、忘れていたから思いだしたんだな」って、客は分かるよ。あっはっはっはっは。そういうのはしょっちゅうありますよ。思い出すと、何度もいうんだね。「オレは知っているんだ」って。そのときに、文楽師匠のように「また勉強して、出直してまいります」とはいわない。「今、勉強し直しました」って。あっはっはっは。

アタシたちの先輩たちもそうやってぐるぐる回って、噺が全然まとまらなくて降りてくる。だらだら喋って、降りてこないで、「師匠、お時間です」っていって降ろしたり、そういう惨（みじ）めなことってあるんですよ。
　うちの師匠の林家は、最後はね、「穴泥」って、噺なんですけどね。穴のなかに落っこって、上にいる人たちに向かって喋るんですけど、それが何度も何度も喋って、だんだん声が大きくなって、「ああ、師匠は自分と闘っているんだ」。思いだそう思い出そうとして、負けないように喋っているんだというのは分かりました。それが林家の最後の高座でした。それから具合が悪くなって入院して、亡くなるんですけどね。アタシ、鈴本で聴いていました。「何、こんなにしつこくやっているの」って。自分を取り戻そうという闘いをね。声の大きさで分かった。大きな声をだすところだけども、普段の倍大きく出していた。穴から上に向かって喋っているわけでしょ。だから遠いでしょ。大きく喋るのは当たり前だけども、普段よりも、もっと大きい声だから、「あれっ、師匠、どうしたんだろう。この後の言葉を忘れちゃったのかな」とか、その闘いをやっていましたね。自分が、もうこれが最後だと思ったのかもしれないけど。
《小さん師匠に、若い頃に覚えた噺はいつまでも覚えているが、その後に覚えた噺は忘れると聞いたことがある。》
　それはそうです。われわれもそうです。圓生師匠がね、三十年ぶりに「位牌屋」をやったんです。凄い良い出来なんですよ。「やっぱり若いときに稽古したのは、ようがすね。忘れませんね」って自分がご機嫌だから、高座を降りてからもご機嫌で喋ってましたよ。「てへへっ」なんて。「何が、てへへだよ」あっはっはっは。お客さんに喜ばれて嬉しかったんだなって。人間、正直だからね。

受けりゃあ、ご機嫌で降りてくるもんね。自分も、満足して、受けたんだから。お客さんの反応が良かった。それはもう、ご機嫌で降りてきますよ。

志ん生師匠がね。「師匠、年中受けさせていますね」と、記者の人が訊いたんですよ。そしたら、「一年に一ぺんだよ。うまくいくのは」っていっていましたよ。あの志ん生でさえ、そういうんだよ。「そんなもんなんですか」「そんなもんだよ」

確かにそうだと思います。本当に息が合ったお客と自分がうまくいって、回転が良くてちゃんと本寸法で、そのくすぐりが受ける。それで良い形でとちりもなく、間延びすることもなく、オチがぴたっと決まったら、うわーっと拍手。年に一回だって。それじゃあ、オレたちがうまくいかなくったっていいでしょ。あっはっはっはっは。アタシは四年に一回かな。オリンピックじゃねえんだから。あっはっはっは。そのときの気持ちの良さは凄い。ご機嫌だから、自分の全財産をここにいる人たちに上げたくなっちゃう。本当にそうですよ。そんなもんですよ。だから落語家は引退しないんですよ。それが一回でもあったら、覚えているから。必ずいつか、そういう客に巡り会えるかという勝負だから。だから辞めないですよ。

「おかあちゃん、アタシがちょっとでも下手になったり、言葉が出なくなったらいっとくれ。アタシはすぐ引退するから」っていった人に、引退した人はひとりもいない。あっはっはっは。歌手の人が引退なんて考えられない。「アタシたち、まだ歌えるじゃない」って。でも、何か自分の決まり事があるんでしょうね。第一ね、評論家っていうのは野球だったら野球やった人でしょ。サッカー評論家はサッカーをやっていた人。落語評論家って、落語家がなった人はひとりもいないんですよ。落語評論家になるよりは、落語をやったほうがいいもん。それが物語っているでしょ。落語家は絶対、高座の上で死にたいわけですよ。失敗しようがとちろうが、吃ろうが、何しようと。落語家はそこが死に場所なんですよ。

最近では、最高の高座はこないだ大手町落語会で、円楽プロデュース、あのときの「紙屑屋」が、「紙屑屋」はアタシよくやるほうなんだけど、そのお客さんの反応と自分の間の取り方みたいな、それで何のとちりもなく、すべてうまくいった。そのとき、お客さんにお金を渡したいくらい。そんな気持ちでしたよ。そのとき三回出たんですけどね、三回とも自分ではみんな納得しました。「オレって何でこんなに張り切ってやっちゃったんだろうな」って。円楽のかわりでしょ。だから、天国の円楽に、「オレもやっているよ」「楽ちゃん、やっているからね」という気持ちの現れだったのかなと後で思ったんですけどね。決して好きな奴ではなかったけどね。あっはっはっはっはっは。でもあいつが一生懸命やった会だから、オレがやってあげるしかないと思ってね。「三年目」と「紙屑屋」すごい自分では納得した。だから客席の人たち、主催者の人たちに「どうでしたか？」と訊いてみたくなるような。お客の反応も良かったし、「最高に良かったですよ」という手紙も来ましたしね。欲が出て、「また違う噺でも」とね。

志ん生師匠が一年に一ぺんというように全てが整って、良い気分で出来た。その気持ちは分かりますよ。何かいつもの会とは違うというのが自分にあって、これも円楽の代わりだ、彼の最後のプロデュースだ、主催者の偉い人も挨拶に楽屋に来るし、それでアタシに何が出来るかといったら、噺で恩返しをするしかないでしょ。それで意気込みがいつもとは違いましたね。

この会の、このために何かをするというのは、まったくないですね。うちの王楽が噺家になって、かみさんが元気なとき、「さあ、お父さんとみんなで飲みに行くわよ」って。「一夫は？」と、王楽にいうと、「ボク、明日、独演会だから」。そしたら、うちのかみさんが、「だらしがない。あんたのおとうさんなんか、独演会の前の日はへべれけよ」。どっちがいい言葉なのか。間に入って、オレは「いいんじゃないの、王楽のほうが」って思うけどさ、男だから、「そうだよぉ」。あっはっはっは。

「オレできないんだ。オヤジみたいなことは駄目なんだ。前の日ちゃんと勉強しないとできないんだ」っていって、ホントに飲まなかったけど、それでいいんですよ。当人のリズムだから。

「なあんだ、じゃあね」って、うちのかみさんは一刀両断で切っちゃった。

王楽を落語家にしようとは、考えていなかった。「こいつは一番、落語家には向いてない」と思っていた。目の前に落語のことを喋れるのが自分の子だったらというのは、それはそれでしょうがないかなと思って。自分が本当になりたい好きなものを見つけたんだから、アタシがやれといったわけじゃないから。「アタシは弟子に取らないよ」っていったら、あいつは「そのつもりです」っていうから、「ふざけんなこの野郎」って、腹の中で思って。普通はお父さんの弟子になるもんだろう。「師匠のところに行く」っていうから、「えっ、オレ知り合いだから、連れてってやる」って。

「おとうさん、一夫からお話があります」っていうから、そのときにはもう薄薄なりたいのかなと分かっていたから。正座して、「お父さん、落語家になりたいんです」。

「落語家になりたいの。じゃあ、今何年生？　四年かあ。卒業したら、まだ二十二なんだから。二十二なんて遅いことはないんだから。オレは高校卒業して入ったけど、お前は大学卒業して、そして一年間デパ地下で働いてみろ。世の中の流れが分かるから。大学出てすぐ噺家になると世間が見えないから。ちょっと見てごらん、面白いよ。お釣りで一円玉が落ちたら、拾わなきゃならない。お金は大切なんだよ。いろんなお客さんがいるから、そんなのもね、人間模様として見てきな。それが一年間終ったら、それからまた考えましょう」

本当に一年間、デパ地下で働いて、「お父さん、一年終りました」。

「終ったんだ。一年早いね。どうしてもなりたい？」

「はいっ」

「じゃあ、師匠のとこに連れていってやる」

本当にデパートに行くと思わなかった。これをやれば落語家になれると思ったんでしょうね。本当にやった。社会を見て、落語家になった人と違う。全然違いますよ。兼好が二番目の弟子で入ってきたときに、「何歳だ？」「二十八歳」「ええっ」。

オレは十九歳で入って十も違うから、いいのかなと思ったけど、本当になりたいっていう顔をしているから、「じゃあ」っていうんで、好作っていう名前を付けて、師匠のうちに孫弟子を見せるために圓楽のところに行った。

「師匠、この子二十八歳ですよ。遅いですよ」っていったら、「ああいんだよ。大学卒業してすぐ、高校卒業してすぐ、あたし見てきたけどね、いいことないんだよ。世間見てないから。二十八歳だったら、相当世間を見てきている。まず間違いないんじゃない」って、いってくれた。

そしたら本当にその通りだった。師匠のいう通りだった。やっぱりね、世間を見たほうがいいですよ。

もう弟子は取らない。こないだもね、五人くらい来てるんですよ。取ろうと思った子を取ったじゃないですか。そしたらびっくりして、「こんなことやるんですか？」。びっくりして辞めた。着物も帯もみんなあげたのに、アタシ、住所知っているから。「君ね、辞めるのはとってもいいこと。自分に向いていないと分かったから。だけど、お世話になった兄弟子たちは君のことを心配して、うちまで様子を見に行ったんだよ。その人たちとばったり、往来で会ったときに、どう言い訳をするの。だったら、今のうちに言い訳をしながら、『ボクはこういうことで辞めたいんです』って、はっきりいえば、アタシも、『うん』っていって、アナタも堂々と表を歩けるじゃない。返事待ってるよ」っていったけど、いまだに来ない。どこか変っている子ですよね。三十二歳。住所も知ってたが、今はもう破いた。御破算にしちゃったから。

弟子にっていうのは、女の子が多いんですよ。「どうしても落語家になりたい」って。玄関でピンポンって鳴って、降りていくでしょ。十五分、ずっと喋ってるんですよ。「駄目です。絶対無理です」。そうやってみんな断った。もう七十七が手を取り足を取り、着物の畳み方だって「兄弟子に教われ」ってアタシはいわないから、全部自分で教えないと気が済まない人間だから。着物二十枚くらいばーっとばらまいて、「ひとつずつ畳みなさい」って。「早ければいいっていうもんじゃない、丁寧が最初。丁寧から早さになったほうがいいの」。そういう教え方をしている。袴はこうやってやる。そういう教え方をするから、七十七になった人間が、もう教えられない。

まだ来ると思いますけどね。でも、お断りします。まして女の子は、駄目。うまい子はこのごろいますけど、その子たちが名人にはなれないんじゃないかな。女の子の名人はね。これは男の仕事ですよね、落語は。歌舞伎と同じで、玉三郎は男じゃないですか。でも、女になるじゃないですか。われわれも、男でもおかみさんとか、花魁（おいらん）とか、御姫様の役をやるじゃないですか。それをおかしいとお客さんはいわないじゃないですか。それなのに女の人が男になったら、えっちょっと喋り方うまいけど、そんなことで納得するような語り部だったら、損でしょ。講談はいいんですよ。あれはいいところに目をつけたな。女は語り部はいるもんね、白石加代子さんみたいな。そういうのはそれでいいんですけど、落語家で女の子がうまいと嫌味（いやみ）ですよ。アタシも今、そんなことといったら大変なことになる。うまい子もいます。本当にそういう子はタレントっぽい売り方をしてあげないと駄目ですよね。

文楽師匠と志ん生師匠は大親友だった。あれだけの地位になったんだから。志ん生が会長、黒門町が会長、また次に、志ん生が会長になったというくらい。二人とも分かっていて、付かず離れず。

それである日ね、最近ですよ。アタシが湯島の方に、うちの満堂がまたどこでも出かけるんですよ。

「師匠、ふたがわっていうお店、知ってますか?」

「えっ、ふたがわ?」又二つに川かなって、思っちゃうじゃない。

「おかみさんが師匠来てっていっていましたよ」

「オレが知っている? オレがよく飲みに行った?」

「ああ、ふ多川。芸者、芸者、芸者のママ」

「そうそう」

その翌日に行ったら、「あら、とむちゃん優しいわね。すぐに師匠連れて来てくれたの」。「お母さんはとっくに亡くなって、あたし一人でやっている」って芸者さんが店をやっていて、池波志乃と中尾彬が飲みに来ていたとか。だから、馬生師匠も来ていたわけ。そのつながりがあるわけ。カウンターで飲んでいて、後ろを振り返ったら、大きな写真があって、そこに何と、志ん生、志ん朝、文楽、芸者二人、隣りに馬生。美津子（みつこ）姉さん。長女、圓菊師匠、吉原朝馬師匠、古今亭志ん駒師匠、ほかにも女中さんや芸者さんが、この一枚の写真のなかに入ってるの。

「ええっ、何でこんな素晴らしい写真があるの?」っていったら、どういうわけか、「（中尾）彬ちゃんが持ってきたか、（池波）志乃ちゃんが持ってきたか分からないけど、いつの間にか、うちの母が大事に取っておいたから、あたしも飾ってあるの」

どういうときなのかなとアタシは考えた。

これ、志ん生師匠が賞を取ったときだ。賞を取って一門で芸者衆をあげてお祝いをしたら、黒門町がお祝いで、自分も芸者を二人連れてきた。ママも「黒門町が連れて来たのよ」っていっていたから、自分のお母さんがいったのをママが聞いていて、完璧にそれをいってくれた。芸術祭賞か何か知らないけど、賞を取ったんだ。それでお祝いをするんで、みんなでわーとやっているときに、親友の黒門町が粋なもんで、二人の芸者を連れてやってきた。その写真があるんですよ。嬉しくなっちゃって。

蹴飛ばしの、みの家、森下の。熊手があるところ。大きな熊手で、そのそばがアタシは好きなんですよ。「見てごらん、この熊手、百万はするよ」。志ん朝師が大好きで、「あっちにびっくりする部屋があるんだよ。ちょっと行って来い」って、黒門町の羽子板と志ん生の羽子板。こんなでかく、そこに飾ってあるの、大事な、みの家さんの宝ですって。

「お前ら見た。良かったな」

黒門町も志ん生も、ここが大好きなんですよ。美津子姉さんがアタシを可愛がってくれてね。

「どこでもお連れしますから」

「みの家」

「みの家、行きましょうよ」っていっているうちに、病気になっちゃったんだけど、連れて行きたかったな。自分のお父さんの羽子板があるし、黒門町のものもあるし、懐かしい思い出だから。だから落語協会もあそこで忘年会をやってた。みんな酔っ払って、高座に上がっていた。うっふっふ

っふっふ。みんな「美味しい、美味しい」って、鍋食べて飲んで。「前座さん、そろそろ行きなさい」っていわれて、上野鈴本に行き、酔っ払って高座に上がっているものだから、客から「誰かまともなやつはいねえのか」っていわれて。みんな酔っ払ってんだもん。あっはっは。そんな時代でした。

アタシが文化庁の賞を受賞したとき、アタシとラジオをやっていた富山の女性が、「おめでとう、賞を貰ったのね」。

「貰っても、オレでいいのかなと思ったよ」

「当たり前よ」

「えっ、何で？」

「おかみさんが貰ったに決まっているじゃない」

「ああ、いいこというなあ」

「おかみさんが建てたんでしょ、寄席」

「ああ、そうそうそう。うちのかみさんが貰ったんだ」

「そうよ。だから、あなたが貰っときなさいよ。おかみさんに感謝しなさいよ」って、電話を切った。アタシはたいしたことやってないんですよ。貰ったのは賞状だけ。文化庁長官と集まって、集合写真を撮るんだけど、アタシは行かれないわけよ。コマーシャルを撮りに行っちゃったから。娘が冷たく「行かれないわ、それ」って。

「コマーシャルの撮影を一日伸ばせばいいじゃないか」

「駄目。その日はコマーシャルにするから」

受賞式に行った人たちの写真を送ってきた。「ああ、ジュディ・オングがいる」。写真ありますよ。どこにもアタシはいない。普通、欠席は上の方に丸で囲まれてあるのにね。「本当に表彰式をやりましたよ」っていうことで送ってきた。あっはっはっは。

師匠、賞は色々とりましたか、どうですかって訊かれたときに、落語家だから、くだらないことをいうんですよ。「小学校二年の一学期ね、皆勤賞を貰ったことあるよ」「そんなの誰だって貰うよ」って。あっはっはっは。そういって笑わせるしかないんですよ。なにも賞なんか貰ったことないんだから。「あと、天皇賞と菊花賞」って。あっはっはっは。ろくなもんじゃないよ。こいつが表彰されちゃあいけないんですよ。落語家はいろいろな賞を貰っているから、他の落語家は何もいわない。いったら野暮だと思われるからね。アタシは人間国宝を貰ったら断るの。なぜかというとね、絶対にこないから。あっはっはっは。人間国宝でお金貰って、そのお金で競馬やったりしたら怒られるもんね。

「人間国宝のお金、何だと思っているんだ、君は」

「競馬で増やしたらいい」

増やしたらいいけど、だいたい減るもん。あっはっはっは。

「師匠、断わったんですか？」

「そうだよ」っていいたいじゃない。だから来ない。「だれがあんなやつにあげるもんか」って。あっはっはっは。

落語家の了見は、やっぱり何ていうのかな、思っていることが普段出るような、正蔵師匠のおかみさんが「子供を玄関に置いてくれれば良かった」というように、素直に出るような人間になりたいもんだから、外にでても、「お暑うございます」「お寒うございます」っていって、普通の人間でいたいですね。芸人だからとか、テレビにでているからだとかではなく、普通に接して貰いたい。食べ物屋に行って、アタシだけ特別に扱われるのは大嫌い。例えば、並んで何かを買わなければならないとアタシは絶対に並びます。ちょろまかして行く人がいるでしょ。政治家でも偉そうな顔して、それは絶対にやらない。そういうことは、自分にもいいことはない。普通に扱って貰いたい。お客さんが客席にいて、そこで笑ったお客さんが外に出てばったり会ったら、「さきほどはありがとうございました。来ていただいて」って。「よかったわよ」って、いってくれるし、普通の会話ができるような、そんな芸人でいたいですね。

それは(笑福亭)鶴瓶と同じ。全然偉そうな顔をしないし、お墓参りなんか、あいつはアタシよりしているんじゃないかな。凄いと思いますよ。大好きな松鶴師匠のうちを買い取ってね、寄席にしたりなんかするんだから。考えはアタシ以上ですよ。それは尊敬しないといけない。だから、了見は一緒。どんな人にも平等。一回こういうことをいったことがあるんですよ。博多で財布、落っことしたんだって。

「兄さん、うっかりして、あたし財布落としましたわ」

アタシがまた凄いこというんですよ。「お前に財布がないっていうことはね、人間として最低の人間」

そしたら鶴瓶、めちゃくちゃ笑っちゃって「そうでんなあ、わて、財布なかったら、何の価値もない男でんなあ」。

「当たり前だよ」って、二人で、笑った。失礼なこといっちゃって。あっはっはっは。そういう仲。

7 無性にやりたい「大工調べ」と師匠圓楽の「悋気の火の玉」

高座での覚えている失敗は、本当にね、覚えてなくてね。アタシって変な性格でして、「まあいいや、やっちゃおう」って高座にあがっちゃうんですよ。できはものすごく悪いですよ。それで、「失敗したなあ」って、降りてくる。みんなの目を気にしながら。「でもしょうがねえなあ」っていって、その噺をくよくよ悩むっていうことはなかったです。ずうずうしいんですかね。恥ずかしくって、みんなの前に顔を合わせられないっていうのが普通でしょ。堂々と失敗しているんだから。うろ覚えだし、失敗したら絶対にやりたくないもんね。でも噺は少ないよりも、一杯持っているほうがいいですね。「えっ、こんな噺をするの」っていうところを一応見せたいじゃない。オレだって、年中酔っ払っているわけじゃないんだよ。希望を持たせてあげたいもんね。若い人にね。噺を一杯知っているんだっていうところを。「えっ、こんな噺もできるんですか、師匠」って。うちの弟子たちがみんないうじゃない。「きょうのオレのネタ当てたら一万円あげるよ」っていっても、ほとんど当たらないよね。思いもかけない噺をやるから。

　こないだアタシの先輩で昔、三升家勝二って名前だったんです。その三升家小勝という人が落語協会を辞めて、今フリーなんですよ。小勝兄さんがアタシが好きで、「旭川で会をやるから、ちょっとトリとってくれないかな。オレ、仲入りやるから」って呼ばれて行ったんですよ。何十年ぶりにお会いして、旭川で会をやったんですよ。アタシは一応、トリを取らせて貰って。

《三升家小勝（みますやこかつ）　一九三八年(昭和十三年)東京都生まれ。六代目三升家小勝に入門。師匠が亡くなり、初代林家三平門下に移り、七三年に真打ち。九四年に八代目を襲名。その後、落語協会を退会。フリーランスとなる。本名の小林守巨が五代目柳家小さんや四代目桂三木助と同じ「こばやしもりお」ということで、小さんからよく稽古を付けて貰った。》

「兄さん何をやるんですか?」

「こないだ、失敗しちゃった噺。『大工調べ』」

「兄さんいくつですか?」

「オレ、八十五だよ」

「ああ、木久ちゃん（林家木久扇）と一緒だ」

「そう、木久ちゃんと一緒、八十五歳」

「何で、『大工調べ』なんて難しいのをやるの？」

「前やったらさ、うまくいかなかったんだ。だから取り戻すためにさ。だから、きょうやってみようと思う」

見事でしたね。そのときに凄い感心しちゃって。「大工調べ」は柳家小さん、立川談志、柳家小三治、この三人が得意にしていた。談志師匠も小さん師匠も小三治さんも、五十代でやめました。もう啖呵（たんか）を切れないから。それを八十五歳の三升家小勝がやっているんですよ。見事に拍手です、啖呵のとき。アタシそれをずっと聞いていて、「兄さん、九十までやんなさいよ。ギネスブックに載るから」。九十歳の「大工調べ」すばらしいじゃないですか。

「いやあ、きょうでやめようと思ったんだ」

「やめちゃ駄目。絶対やめちゃ駄目」

そういう人もいるんですよ。そういうのをアタシは直（じか）に聞けるという、何でアタシがその人の「大工調べ」を聞けるの。兄さんが呼んでくれて、「一緒に落語会やってくれ」と、アタシにお願いしてくれて、アタシも快く返事をして、行った。その光景を見た。八十五歳の「大工調べ」、見事でした。人間って、喋れればできるんだなと。凄いなと。この兄さん手を抜かないで、八十五歳で「大工調べ」をやっているんだ。自分が恥ずかしくなるような気持ちでしたよ。

「何、手を抜いているんだよ、お前。『大工調べ』をやれ」といわれているような。だから、「大工調べ」をやる気になっちゃった。だって、八十五歳がやっているんだもん。八十五歳がやっているんだから、七十七歳ができないわけはない。それで「山崎屋」だとか「鰍沢」だとか「大工調べ」だとか。うちの子たちが真打ちになったら、しばらく隙間があくから。

そのエネルギーは落語が好きというところから来るのかな。「落語にまさるものはねえんだよ。フレッド・アステアのタップの踊りを見ても、それよりも落語のほうがエンターテインメントでは、最高だ」と、談志師匠と、そういつも喋っていた。「こんなものは世の中にない。落語が一番」

アタシと同じ意見だった。歌舞伎だって怪談噺で笑わせるんだもの。大勢でできて怪談噺、笑わせちゃあいけませんよ。そうしなきゃあ、もたないんですよ。ずーっと暗いままだったら、舞台が沈んじゃうんですよ。歌舞伎という世界はいろんな人が出演して、やって、笑いを入れないと。それをたった一人、圓生師匠は「乳房榎」で、ぶるぶるっと震わせる。「落語にまさるものはない」っていう談志師匠のおっしゃる通りです。談志師匠は、「バカ野郎」っていうけど、ちゃんと見抜くんですよ。「オレの部屋に来い」って、アタシだけ、特別扱い。ありがたかったですよ。

どうしたんでしょう、アタシ。オレも七十七歳で、「やってみようかな」っていう気持ちになったんですよ。アタシも前にやっていましたからね。何か勇気を貰いましたね。だから面白い出会いがあるんですね。八十五歳の「大工調べ」なんて。啖呵が終ったら拍手がきたんです。凄いよかったんですね。

「兄さん、これ、ギネスブックだ。『大工調べ』、八十五歳でやる人いないよ」

「そおぉ」

向こうは何とも思ってないみたいですけど。その噺によって、その歳では無理だろっていう噺は一杯あるじゃないですか。淡々と普通に高座に上がって、お辞儀して、まくらを振って、それでやり取りして、啖呵を切る。

「よく兄さん、できますね」

「そうぉ」

向こうは当たり前の積もりなんですね。

「兄さん、八十五歳で『大工調べ』やっている人いないですよ。五十歳でみんな『大工調べ』をやめちゃったんですよ。談志、圓楽、志ん朝、小三治、小さんも、みんなやめちゃった。得意にしている人が、みんなやめちゃうんだからね」

「もう、これは無理だな」って。「もうやめよう」っていう人がほとんどですよね。八十五歳の「大工調べ」を聞いて、自分も「やってみようかな」って。アタシは八つ年下なんだから。あっはっはっは。今、目覚める寸前です。はっはっは。

これからの生き様のテーマを貰ったような感じでしたね。「そうかぁ。せっかくここに寄席があるんだから、聞いてくれる人を呼んで、やってみようかな」って。出会いでね。何十年ぶりに呼んでくれた先輩が、その噺をアタシに聞かせてくれたようなものだから、びっくりしましたね。

七十七歳の「大工調べ」を聞けるか、それがアタシの課題です。絶対にやんなきゃいけないことですよね。何で小勝兄さんがアタシを誘ってくれたのか、アタシにトリを取らせてくれて、失敗した「大工調べ」をもう一回やるのか。そういう出会いは突然、来たみたいな感じね。それでスケジュールが合わなかったら、行かれなかったでしょ。行って、一緒にお酒飲んで、昔話に花が咲き、「大工調べ」を聞いて、「すげえな、この人」って。「何でアタシはここにいるのか」と、常に思いますよね。

小勝兄さんの「大工調べ」を聴いて、ちょっと、「オレもやりたいな」となったのは事実。やらないといけないとか、何日にやれとか自分に求めることはないんですよ。自然体で、覚えたら、やってみようかなってね。ということは、そんなことをいっているアタシがおかしいよね。長生きするつもりでいるのかな、オレは。ねえ。「今度、独演会でやってみようかな」とか、「暑い夏に稽古してやってみようか」と。そういうことはそれまで生きているっていうことでしょ。ねえ、ずうずうしよね。それが最後かもしれない。なんだ望みが薄いじゃないか。あっはっはっはっは。

歳を取ったらよくなる噺もある。それはお客さんの判断だから。自分では思わないですね。ただね、若い頃はぱっぱっぱって会話でやっていたことが、それがなくなりましたよ。ちょっと間を置いて。そうするとお客さんがね、「くすっ」というのが聞こえるんですよ。ああ、この間がいいのかなと思ってね。若い時はとんとん、とんとんいっちゃう。お客さんが「お前、もうちょっと間をあけなさい」というくらいの早さだと思います、若い時は。だんだんこの歳になると、ひとつ間を置いて言葉をいうとね、「くすっ」とお客さんがやるんですよ。この「くすっ」がアタシが好きでね。「がぁはぁはっ」という笑いはね。いかにもね、アタシの噺がギャグに負けているところだから、嬉しかないですよね。「くすっ」が嬉しいですよね。「やったな」と思いますよ。それは間違いなく、歳を取ったということなんでしょうね。若い者はとんとんとんって階段を上がるじゃない。オレの若い時もああやって階段を上がっていたんだ。アタシは手すりに掴まって、ゴミを出すのもすべてゆっくりゆっくり降りるじゃない。そんなに違うんだな、歳を取ると。

　こないだ行った佐渡も、新潟も、素晴らしい男がいるんですよ、その人が全部、企画担当で、凄い真面目な男で、落語が好きで、さっきも電話でお礼をいったんですけどね。そういう人がいるということ自体が嬉しくてね。「ずっとお友達でいましょうね」っていって、帰ってきた。そういう人がいるんですよ。満堂がお世話になっている人なんだけど、出会うんですよね。「よくこういういい人と知り合いになってやっているねえ」って思いましたね。

「またやってくれますか」「とんでもない。こっちからお願いしますよ」っていって、別れてきたんですけどね。凄い人がいるんですね。地方でね、自分の故郷を愛し、落語を愛し。お客さんにこの落語を聞いて貰って喜ばせよう。うちの故郷の人たちに落語を理解して貰おうと。こっちがやらないといけないことを、その人がやってくれるだけでも感動でしたね。なぜかそういう出会いが一杯あるんですよ、アタシ。歳を取ればとるほど感受性が強くなったのかもしれませんけどね。

アタシは自然体でずっとやってきたから。若い時は次から次に寄席もあるし、旅もあるし、カミさんに怒られる事もあるし。あっはっはっは。年齢を重ねるということについて、しみじみ考えたことはないですけどね。そういうことはあるのかなとは思いますね。自然体なんですよ、アタシ。それを重く受け止めると、よくないんですよ。「これはカミのお告げだ」みたいな、そうじゃなくって、さぼり気なアタシに、「もうちょっと勉強しろ」と、そういうことなのかもしれないと思ってね。

今、無性にやりたいですよね「大工調べ」。啖呵のところね。頭のなかで稽古してる。これができなかったら、落語じゃないから。近々あの……、あっはっはっは。今回だけですね。「大工調べ」に眼が覚めたのは。小勝兄さんに会わなかったら、そんな気にならないですよ。アタシの大先輩が「大工調べ」に挑んでいる、その姿に感動しました。「あんな噺やらなければいいのに」というつもりでいたけど、「いやいや一回やって失敗したんだよ、きょうは、失敗をなおすために、どうしてもやりたいんだ」って、自分に課題を投げつけていましたね。「凄いなあ」と思って、本当にできてましたよ。うちのお弟子さんたちには「失敗を恐れては駄目だよ」っていう。「やってみて、自分に向いているか、向いていないか、もう一回やりなおそうか、これもうちょっと膨らませて大きくしようか、そういう課題が出るんなら、絶対ね、失敗したほうが反省材料になっていいんだよ」って。成功しちゃうと、天狗になっちゃう。簡単にできる人は舐てかかるんですよ、噺家は。「あんたできないの、アタシはできるよ」っていう、口には出さないけど見えるじゃないですか。

そういう人は。そういうもんじゃないんだよね。その人に与えられた、その噺の意気込みを、その人はどう保つか、どう愛情を持ってその噺に挑むか、その違いじゃないですか。「そんなの簡単だよ」っていって、やっちゃうとうまい人も確かにいます。だけどそれでもそれが何、ということなんですよね。

七十七歳の「大工調べ」。だからね、欲が出てきました。出くわす何かが、必ずアタシあるんですよ。で、師匠の圓楽が残した噺でね、「悋気の火の玉」。あんな軽い噺、あれを師匠の圓楽がやっていたときにこういったんですよ。「あたしの噺をだれもやらないな」って、いった。ああそうだ、師匠がよくやっていた、「悋気の火の玉」、もう一度アタシが師匠と同じように、みんなに聞かせようかな。師匠の「悋気の火の玉」、すごいおおらかでいいんですよ。で、自分も気に入ってたんですよ。それを聞いて師匠はだれかにやって貰いたいんだと思った。

そうすると欲が出てきて、そしたらあれもとなるんですよ。この頃寝ながら、師匠たちのいった言葉を思い出す。それをついこないだ思いだして、あんなに軽い噺でも、いい具合にやるといいんですよ。そういうことをこの頃、考えますね。

8　最後に

「恨みは水に流せ、恩は石に刻め」という言葉を残したい。怨んでいると顔が鏡を見ていると、厭な顔になってますね、恨み言の顔は。人間必ず恩を持ってないといけないと思うんですよ。恩がある人のお墓参りに行かなきゃならない、息子さんが就職したから、お祝いを持っていかなきゃとか。恩というのは絶対に大事だから。そのお陰で自分はここまできたんだからと、必ず常に思っていないと。人間って恨みは大きいですよ。だから、そういうふうにいい聞かせるために、「恨みは水に流そう」と、そういうふうに思ったほうがいいね。それが一番ですよ。自分の師匠だけでなく、先輩、お世話になった他の師匠、お客さん……。恩返しは当たり前ですよ。そうするといつの間にか、自分が大きくなってくるんですよね。そういう姿勢でないと駄目ですよね。藝人だってひとりの人間だから。そこを勘違いしないようにね。藝人を甘える人がいますね、「いいじゃねえか、藝人だから」って、そういう人がいるけど、本心はアタシたちは違いますね。それは駄目。そういうことをやっていたら、もうとっくに好楽っていう人はいませんよ。

《新聞記者生活を終えて、急に無職になり、初めて作った名刺も肩書きがなく、空白が多くて、どこか寂しそうだった。好楽師匠に会い、ふたりっきりで話をするために、毎週のように「池之端しのぶ亭」に通った。夏の暑い日が多かった。それでもわたしにとっては倖せな時間が続いた。

　新聞記者時代、落語を担当していたこともあり、多くの落語家さんと取材以外でも親しく付き合い、記事や本を書いてきた。しかし今回はなかでも特別だった。自分の立ち位置がまったく変わり、まっ裸になった自分がそこにはいた。その自分に手を差しのべてくれたのが好楽師匠だった。また初心に戻って何かを書き始めるときに、好楽師匠を選んだ。自分の基礎をもう一度見直すのに、何よりも師匠の言葉がいいと思った。

句読点ひとつひとつや言葉、文体、改行にどうしたら読みやすいかを悩み、辞書をこれでもかと思うほど引き、関連の資料を読み漁った。また一年生に戻ったような日々をすごした。何度も原稿を読みながら、ゲラも何度も読みながら、毎回、同じ所で涙が溢れてきて、好楽師匠の言葉に泣いた。昔のことを思い出すことも多かった。好楽師匠の人生から自然体で生きること、背伸びをしないことを学び、「笑って損した者はなし」という、わたしが大好きな言葉をそのまま、目の前で教えてくれ、これからの人生の指針を示してくれた。好楽師匠の謦咳に接することができ、貴重なとても倖せな日々だった。鐘を突く撞木がよくないと鐘の音色が悪いというが、わたしの撞木の役割はどうだっただろうか。好楽師匠といういい鐘の音をどこまで引き出せたであろうか。そのことがとても心配だ。何よりも、人生の師となって貰った好楽師匠の笑い声に、毎回励まされた。これからの人生、勇気を持って生きていくことができる。師匠には、もう感謝しかない。》

（了）

【著者】 三遊亭好楽（さんゆうてい・こうらく）
1946年東京都豊島区出身。前名は林家九蔵。2020年より五代目圓楽一門会顧問を務める。演芸番組『笑点』の大喜利メンバー。

【著者】 松垣透（まつがき・とおる）
1958年大分県中津市出身。元新聞記者。著書に『落語狂人　快楽亭ブラック』（2022年）『不器用な落語家　三遊亭洋楽』（2020年）、『親子二代予想屋「競輪」七十年史』（2020年）、『ルーシー事件――闇を食う人びと』（2007年）など多数。

どちら様（さま）も、お先（さき）でございます

二〇二四年一月三十日　初版第一刷

著者――三遊亭好楽／松垣透
発行者――河野和憲
発行所――株式会社 彩流社
〒101-0051
東京都千代田区神田神保町3-10大行ビル6階
電話：03-3234-5931
ファックス：03-3234-5932
E-mail：sairyusha@sairyusha.co.jp

印刷――明和印刷（株）
製本――（株）村上製本所
装丁――中山銀士＋金子暁仁

ISBN978-4-7791-2950-6 C0076
https://www.sairyusha.co.jp

フィギュール彩

〔既刊〕

⑫ 大人の落語評論

稲田和浩◉著

定価(本体1800円＋税)

ええぃ、野暮で結構。言いたいことがあれば言えばいい。書きたいことがあれば書けばいい。文句があれば相手になるぜ。寄らば斬る。天下無双の批評家が真実のみを吐く。

⑱ 忠臣蔵はなぜ人気があるのか

稲田和浩◉著

定価(本体1800円＋税)

日本人の心を掴んで離さない忠臣蔵。古き息吹を知る古老がいるうちに、そういう根多の口演があればいい。さらに現代から捉えた「義士伝」がもっと生まれることを切望する。

⑲ 談志　天才たる由縁

菅沼定憲◉著

定価(本体1700円＋税)

天才の「遺伝子」は果たして継承されるのだろうか？　落語界のみならずエンタメの世界で空前絶後、八面六臂の大活躍をした立川談志の「本質」を友人・定憲がさらりとスケッチ。